KARL-HANS GRÜNAUER

Lernzielkontrollen

Vorschläge für *Proben* und *Tests*

3. Jahrgangsstufe

Copyright: pb-verlag • 82178 Puchheim • 1997

ISBN 3-89291-**797**-3

KOPIERHEFTE mit Pfiff!

KARL-HANS GRÜNAUER

Lernzielkontrollen

Vorschläge für Proben und Tests
4. Jahrgangsstufe

Heimat- und Saschkunde

Inhalt

KARL-HANS GRÜNAUER

Heimat- und Sachkunde

Kind und Gemeinschaft • Geschichte • Zeit • Raum
3. Klasse Band I

INHALTSVERZEICHNIS

KIND und GEMEINSCHAFT

Inhaltsverzeichnis

Vorwort

Der pb-Verlag Puchheim gibt nunmehr auf vielfachen Wunsch seiner Kunden im Rahmen der Reihe "**Lernzielkontrollen**" für die 3. und 4. Jahrgangsstufe jeweils in einem Band 30 ausgewählte Beispiel-Proben heraus, die themenzentriert die wichtigsten Lerninhalte des Heimat- und Sachkundeunterrichts aufarbeiten. Mit Hilfe der Inhaltsleiste verschaffen Sie sich schnell einen Überblick darüber, welche Stoffe vom Schüler bewältigt werden können und müssen. In der Stoffauswahl haben wir uns an die gängigen Lehrpläne gehalten und vor allem Lernstoffe verwendet, die in den bekannten pb-Publikationen (z.B. pb-Stundenbilder, pb-Kopierhefte mit Pfiff, pb-HSK-Lernkartei usw.) behandelt werden. Themenentsprechungen und Überschneidungen sind hier bewusst vorgenommen worden. Dennoch ist zu betonen: Unsere Lernzielkontrollen sind selbstverständlich auch ohne unsere Parallel-Veröffentlichungen zu verwenden.

Die pb-Lernzielkontrollen sind in Einzel-, Partner-, Gruppen- und/oder Freiarbeit vielfältig einsetzbar: als Kontrolle einer abgeschlossenen Unterrichtssequenz, als Übung und Wiederholung des gelernten Stoffes, als Vertiefung und zum Transfer - oder als Probe im herkömmlichen Sinn. Da nicht in jedem Fall jedes Unterrichtsthema von Ihnen und Ihren Schülern so gewichtet wurde, dass es vollkommen identisch ist mit den Fragestellungen in den vorgegebenen Lernzielkontrollen, erscheint es uns didaktisch-methodisch sinnvoll und notwendig, im Einzelfall (kleinere oder größere) Änderungen in der Fragenauswahl vorzunehmen.

Wohl wissend, dass in der Praxis schulischen Prüfens niemals hundertprozentige, sondern nur relative Objektivität zu erreichen ist, ist auch auf Gewichtungskriterien bei der Punktewertung zu achten. Unser Punktesystem stellt nur *einen* Vorschlag dar, der von Ihnen jederzeit abgeändert werden kann. Wir haben z.B. oftmals auch halbe Punkte für Aufgabenstellungen gegeben, die uns leichter zu lösen schienen. Letztlich sollten Sie in pädagogischer Eigenverantwortlichkeit eine auf die spezifische Lern- und Leistungssituation der Klasse bezogene, adäquate Qualifizierung vornehmen.

Unser Anliegen war, die Lernzielkontrollen fachlich und sachlich anspruchsvoll zu gestalten, dabei aber durch die Hereinnahme (lern-)spielerischer Elemente den Charakter des bloßen Abfragens zu vermeiden. Die Schüler können mit Pfeilzuordnungen, Ankreuz-Aufgaben, Richtig-Falsch-Aussagen, Bild-Wort-Zuordnungen usw. ihr Wissen an die Lehrkraft bringen. Wir haben weiter versucht, die Fragestellungen nicht allein in reproduktiver Form aufzubereiten, sondern auch kleine Denk- und Überlegensfragen einzubauen. Mit einer zurückhaltenden Bebilderung wollten wir den optischen Anreiz erhöhen und gewisse Stressmomente beim Schüler, die ohne Zweifel vorhanden sind, etwas mildern.

Die Lernzielkontrollen können auch anderweitig verwendet werden, wenn sie in Klarsichtfolien abgepackt und im Ordner abgeheftet, im Klassenzimmer für alle zugänglich stehen. Die Schüler können sich gegenseitig abfragen und sich mit den angegebenen Lösungen selbst kontrollieren. In Gruppen kann der Stoff "wettbewerbsähnlich" in Quizform be- und verarbeitet werden. Am Jahresende könnten Schüler die durchgenommenen Fragestellungen zusammentragen und ein Schuljahres-Quiz zusammenstellen.

Für die Hand des Lehrers sind die Lernzielkontrollen ebenso als Kopiervorlage geeignet, um die dann selbst gestaltete, individuelle Lernzielkontrolle gemeinsam im Klassengespräch vorzubereiten. Letztlich können die 30 Blätter als Grundlage für ein mündliches Abfragen z.B. am Beginn der nächsten Stunde verwendet werden.

Sicherlich kommen Ihnen bei der Durchsicht unserer Lernzielkontrollen weitere gute Ideen, die das Abfragen von Stoff für unsere Schülerinnen und Schüler erleichtern helfen. Wenn wir mit unseren Vorschlägen ein wenig von den Prüfungsängsten nehmen können, hätte sich unsere Arbeit schon gelohnt - im Interesse einer angstfreien, offenen und kindgemäßen Prüfungssituation.

Wir können die Notengebung - momentan noch nicht - abschaffen, wir können aber Testsituationen schaffen, in denen sich Kinder gerne, freiwillig und voller Lernfreude mit ihrem Wissen einbringen wollen.

Karl H. Grünauer,
Autor,
pb-Verlag Puchheim

. Lernziel-Kontrolle   Name: Datum:

1. So erleben Kinder Gemeinschaft. Die Buchstaben der richtigen Aussagen erge- 4
   ben das Lösungswort: [   ]

G Sabine will immer im Mittelpunkt stehen. Deshalb hat sie keine Freunde.
T Die Klasse 3b führt ein Theaterstück auf. Der Erlös geht an ein Altersheim.
S Thomas will sich nicht helfen lassen. Er beleidigt jeden Mitschüler.
E Familie Thom steht um 5 Uhr früh auf. Eine Radtour steht auf dem Programm.
Z Andreas spielt gerne Fußball. Er gibt aber ungern seinen Mitspielern den Ball.
A Die Kommunionkinder treffen sich nachmittags in den Familien.
P Die Klasse 3a streitet über das Ziel des Wandertags.
M Sportfest. Die Viertklässler kümmern sich um die Erstklässler.

2. Wenn sich alle an Regeln halten, macht die Schule Spaß. Die Buchstaben der
   richtigen Aussagen ergeben das zweite Lösungswort: [   ]   7

W In der Schule gelten die gleichen Regeln wie zu Hause.
P In der Schule bitten wir unsere Mitschüler und bedanken uns.
E Wir arbeiten mit unserem Banknachbarn nie zusammen.
A Wir nehmen gegenseitig Rücksicht.
Z Wir halten uns selten an die Gesprächsregeln.
R Wenn wir etwas sagen wollen, melden wir uns.
T Wir ordnen uns in die Klassengemeinschaft ein.
D Wir brauchen keine Schul- und Pauseordnung.
N Wir bleiben immer am Schulhof.
K Wir machen möglichst viel Lärm.
E Wir werfen keinen Abfall auf den Boden.
H Wir ärgern unsere Klassenkameraden.
R Wir helfen uns gegenseitig bei Hausaufgaben.
G Wir nehmen anderen Gegenstände weg.

3. Die Bilder zeigen dir, dass in der Schule Gemeinschaft wichtig ist. Schreibe zu
   jedem Bild einen passenden Satz!   6

Von ⑰ Punkten hast du ◯ Punkte erreicht! Das ist die Note: [   ]

. Lernziel-Kontrolle   Name: Datum:

1. So erleben Kinder Gemeinschaft. Die Buchstaben der richtigen Aussagen erge- 4
ben das Lösungswort: **TEAM**

G Sabine will immer im Mittelpunkt stehen. Deshalb hat sie keine Freunde.
T Die Klasse 3b führt ein Theaterstück auf. Der Erlös geht an ein Altersheim.
S Thomas will sich nicht helfen lassen. Er beleidigt jeden Mitschüler.
E Familie Thom steht um 5 Uhr auf. Eine Radtour steht auf dem Programm.
Z Andreas spielt gerne Fußball. Er gibt aber ungern seinen Mitspielern den Ball.
A Die Kommunionkinder treffen sich nachmittags in den Familien.
P Die Klasse 3a streitet über das Ziel des Wandertags.
M Sportfest. Die Viertklässler kümmern sich um die Erstklässler.

2. Wenn sich alle an Regeln halten, macht die Schule Spaß. Die Buchstaben der
richtigen Aussagen ergeben das zweite Lösungswort: **PARTNER**   7

W In der Schule gelten die gleichen Regeln wie zu Hause.
P In der Schule bitten wir unsere Mitschüler und bedanken uns.
E Wir arbeiten mit unserem Banknachbarn nie zusammen.
A Wir nehmen gegenseitig Rücksicht.
Z Wir halten uns selten an die Gesprächsregeln.
R Wenn wir etwas sagen wollen, melden wir uns.
T Wir ordnen uns in die Klassengemeinschaft ein.
D Wir brauchen keine Schul- und Pauseordnung.
N Wir bleiben immer am Schulhof.
K Wir machen möglichst viel Lärm.
E Wir werfen keinen Abfall auf den Boden.
H Wir ärgern unsere Klassenkameraden.
R Wir helfen uns gegenseitig bei Hausaufgaben.
G Wir nehmen anderen Gegenstände weg.

3. Die Bilder zeigen dir, dass in der Schule Gemeinschaft wichtig ist. Schreibe zu
jedem Bild einen passenden Satz!   6

Bild 1: Wir feiern einen ökumenischen Gottesdienst.
Bild 2: Wir sammeln für ausländische Schulen in der Dritten Welt.
Bild 3: Wir gestalten eine Ausstellung.
Bild 4: Wir besuchen ein Schullandheim.
Bild 5: Wir gestalten einen Wandertag.
Bild 6: Wir spielen für unsere Eltern Theater.

Von ⑰ Punkten hast du ◯ Punkte erreicht! Das ist die Note: ☐

. Lernziel-Kontrolle   Name: Datum:

1. Wir halten Gesprächsregeln ein. Kreuze die richtigen Aussagen an!   2
O Wenn ein Mitschüler spricht, hören wir gut zu.
O Wir sprechen laut und deutlich und in ganzen Sätzen.
O Wir sprechen jeden Gedanken aus.
O Wir warten, bis wir aufgerufen werden.
O Wir bleiben beim Thema.

2. Welche Verhaltenweisen stören unsere Klassengemeinschaft? Streiche sie weg!   3
eigene Fehler eingestehen - Vorurteile haben - einander verzeihen - kaputt machen -
sich versöhnen - nicht nachtragend sein - streiten - etwas wiedergutmachen - Vereinbarungen einhalten - Verständnis zeigen - verurteilen - ablehnen - zerstören

3. Welche Verhaltensweisen sind gut? Streiche an!   2
O Ich frage den neuen Schüler, ob er mein Banknachbar werden will.
O Sonja lädt Ali nicht zur Party ein, weil er Ausländer ist.
O Alle lachen über Herbert, weil er Übergewicht hat.
O Sebastian liegt im Krankenhaus. Keiner besucht ihn.
O Gerda ist Rollstuhlfahrerin. Wir fragen, wo wir ihr helfen können.

4. Zwischen Ausländern und Deutschen gibt es Gemeinsamkeiten, aber auch Unterschiede. Unterstreiche mit zwei verschiedenen Farben, was jeweils zusammengehört: Kirche - Moschee - Kreuz - Halbmond - Priester - Muezzin - Mekka - Rom

                                                                                4
5. Der Klassensprecher hat viele Aufgaben. Die Buchstaben der richtigen Aussagen
   ergeben das Lösungswort: [_____]   7

    G Jedes Kind hat 1 Stimme, um den Klassensprecher zu wählen.
    D Nur deutsche Kinder dürfen den Klassensprecher wählen.
    A Ein ausländisches Kind darf nicht zum Klassensprecher gewählt werden.
    E Die Wahl zum Klassensprecher ist geheim.
    R Wer die meisten Stimmen hat, ist gewählt.
    A Der Klassensprecher vertritt die Interessen einer Gruppe.
    E Der Klassensprecher vertritt die Interessen der ganzen Klasse.
    V In Streitfällen unterstützt der Klassensprecher immer den Stärkeren.
    C Der Klassensprecher ist der Mittelsmann zwischen Klasse und Lehrer.
    K Der Klassensprecher ist weder Vertrauensmann noch "Klatschtante".
    H Der Klassensprecher sollte mutig, hilfsbereit, klug und zuverlässig sein.
    F Der Klassensprecher sollte
       schüchtern, streitsüchtig,
       frech und rechthaberisch sein.
    T Der Klassensprecher trägt
       Verantwortung und spricht
       für alle.

Von (18) Punkten hast du ( ) Punkte erreicht! Das ist die Note: [ ]

. Lernziel-Kontrolle   Name: Datum:

1. Wir halten Gesprächsregeln ein. Kreuze die richtigen Aussagen an!   **2**
● Wenn ein Mitschüler spricht, hören wir gut zu.
● Wir sprechen laut und deutlich und in ganzen Sätzen.
O Wir sprechen jeden Gedanken aus.
● Wir warten, bis wir aufgerufen werden.
● Wir bleiben beim Thema.

2. Welche Verhaltenweisen stören unsere Klassengemeinschaft? Streiche sie weg!   **3**
eigene Fehler eingestehen - **Vorurteile haben** - einander verzeihen - **kaputt machen**
- sich versöhnen - nicht nachtragend sein - **streiten** - etwas wiedergutmachen - Vereinbarungen einhalten - Verständnis zeigen - **verurteilen** - **ablehnen** - **zerstören**

3. Welche Verhaltensweisen sind gut? Streiche an!   **2**
● Ich frage den neuen Schüler, ob er mein Banknachbar werden will.
O Sonja lädt Ali nicht zur Party ein, weil er Ausländer ist.
O Alle lachen über Herbert, weil er Übergewicht hat.
O Sebastian liegt im Krankenhaus. Keiner besucht ihn.
● Gerda ist Rollstuhlfahrerin. Wir fragen, wo wir ihr helfen können.

4. Zwischen Ausländern und Deutschen gibt es Gemeinsamkeiten, aber auch Unterschiede. Unterstreiche mit zwei verschiedenen Farben, was jeweils zusammengehört: Kirche - **Moschee** - Kreuz - **Halbmond** - Priester - **Muezzin** - **Mekka** - Rom

5. Der Klassensprecher hat viele Aufgaben. Die Buchstaben der richtigen Aussagen   **4**
ergeben das Lösungswort: **GERECHT**   **7**

    G Jedes Kind hat 1 Stimme, um den Klassensprecher zu wählen.
    D Nur deutsche Kinder dürfen den Klassensprecher wählen.
    A Ein ausländisches Kind darf nicht zum Klassensprecher gewählt werden.
    E Die Wahl zum Klassensprecher ist geheim.
    R Wer die meisten Stimmen hat, ist gewählt.
    A Der Klassensprecher vertritt die Interessen einer Gruppe.
    E Der Klassensprecher vertritt die Interessen der ganzen Klasse.
    V In Streitfällen unterstützt der Klassensprecher immer den Stärkeren.
    C Der Klassensprecher ist der Mittelsmann zwischen Klasse und
       Lehrer.
    K Der Klassensprecher ist weder Vertrauensmann und "Klatschtante".
    H Der Klassensprecher sollte mutig, hilfsbereit und zuverlässig sein.
    F Der Klassensprecher sollte schüchtern, streitsüchtig, frech und rechthaberisch sein.
    T Der Klassensprecher trägt Verantwortung und spricht für alle.

Von ⑱ Punkte hast du ◯ Punkte erreicht! Das ist die Note: ☐

. Lernziel-Kontrolle   Name: Datum:

1. Früher war das Familienleben ganz anders. Kreuze die richtigen Aussagen an!   3
○ viele Kinder   ○ nur ein bis zwei Kinder   ○ Großfamilie   ○ Kleinfamilie
○ viel Freizeit   ○ wenig Freizeit   ○ schwere Arbeit   ○ leichte Arbeit
○ Gemeinschaftsspiele   ○ Fernsehabend   ○ kein Urlaub   ○ viel Urlaub

2. Wir vergleichen das Familienleben von früher und heute. Die Buchstaben der
   richtigen Ausagen ergeben das Lösungswort: ☐☐☐☐☐   6

   H Im Gegensatz zu früher haben wir heute fast nur noch Großfamilien.
   M Im Gegensatz zu früher haben wir heute fast nur noch Kleinfamilien.
   A Im Gegensatz zu früher hat heute eine Familie mehrere Kinder.
   U Im Gegensatz zu früher hat heute eine Familie nur noch ein Kind.
   F Heute ist in den meisten Familien der Vater Alleinverdiener.
   U Früher war in den meisten Familien der Vater nicht Alleinverdiener.
   T Viele Mütter sind heute berufstätig.
   G Bei der Erziehung der Kinder spielen die Großeltern heute keine große
      Rolle mehr.
   T Früher beteiligten sich auch die Großeltern an der Erziehung der Kinder.
   Z Im Gegensatz zu früher hat sich die Schulzeit der Kinder verkürzt.
   E Im Gegensatz zu früher hat sich die Schulzeit der Kinder verlängert.
   B Heute werden weniger Ehe geschieden als früher.
   V Die Zahl der alleinerziehenden Mütter nimmt heute ab.
   R Durch die guten Verdienstmöglichkeiten von Vater und Mutter können
      sich Familien auch teure Hobbies und Reisen in alle Welt leisten.
   K Früher saßen die Familien mehr vor dem TV-Gerät als heute.

3. Allerlei Verwandte. Kreuze an!   5
Wie heißen die Eltern deiner Eltern?
○ Urgroßeltern   ○ Eltern   ○ Großeltern   ○ Ureltern   ○ Urureltern
Von deinem Vater und deiner Mutter bist du
○ die Tochter   ○ der Enkel   ○ das Kind   ○ der Sohn   ○ der Neffe
Von deinen Großeltern sind deine Eltern
○ Neffen   ○ Kinder   ○ Onkeln   ○ Tanten   ○ Nichten   ○ Cousin
Wenn Urgroßeltern, Großeltern, Eltern und Kinder zusammen wohnen, sprechen wir
von   ○ 4 Generatoren   ○ 4 Generationen   ○ 4 Honoratioren

4. Wie lässt sich eine Familiengeschichte darstellen? Kreuze an!   2
○ als Familienchronik   ○ als Stammbuch   ○ als Stammbaum   ○ als Stammbund

5. Für die Menschen, die vor uns lebten, gibt es viele Namen. Kreuze an!   4
   ○ Ahnen   ○ Ammen   ○ Neandertaler   ○ Vorfahren   ○ Vorturner
   ○ Vorläufer   ○ Vorväter   ○ Urahnen   ○ Frühmenschen   ○ Vordere

Von ⑳ Punkten hast du ◯ Punkte erreicht! Das ist die Note: ☐

. Lernziel-Kontrolle   Name: Datum:

1. Früher war das Familienleben ganz anders. Kreuze die richtigen Aussagen an!   3
● viele Kinder   ○ nur ein bis zwei Kinder   ● Großfamilie   ○ Kleinfamilie
○ viel Freizeit   ● wenig Freizeit   ● schwere Arbeit   ○ leichte Arbeit
● Gemeinschaftsspiele   ○ Fernsehabend   ● kein Urlaub   ○ viel Urlaub

2. Wir vergleichen das Familienleben von früher und heute. Die Buchstaben der
richtigen Ausagen ergeben das Lösungswort: **MUTTER**   6

H Im Gegensatz zu früher haben wir heute fast nur noch Großfamilien.
M Im Gegensatz zu früher haben wir heute nur noch Kleinfamilien.
A Im Gegensatz zu früher hat heute eine Familie mehrere Kinder.
U Im Gegensatz zu früher hat heute eine Familie nur noch ein Kind.
F Heute ist in den meisten Familien der Vater Alleinverdiener.
U Früher war in den meisten Familien der Vater nicht Alleinverdiener.
T Viele Mütter sind heute berufstätig.
G Bei der Erziehung der Kinder spielen die Großeltern heute keine große
    Rolle mehr.
T Früher beteiligten sich auch die Großeltern an der Erziehung der Kinder.
Z Im Gegensatz zu früher hat sich die Schulzeit der Kinder verkürzt.
E Im Gegensatz zu früher hat sich die Schulzeit der Kinder. verlängert.
B Heute werden weniger Ehe geschieden als früher.
V Die Zahl der alleinerziehenden Mütter nimmt heute ab.
**R Durch die guten Verdienstmöglichkeiten von Vater und Mutter können sich
    Familien auch teure Hobbies und Reisen in alle Welt leisten.**
K Früher saßen die Familien mehr vor dem TV-Gerät als heute.

3. Allerlei Verwandte. Kreuze an!   5
Wie heißen die Eltern deiner Eltern?
○ Urgroßeltern   ○ Eltern   ● Großeltern   ○ Ureltern   ○ Urureltern
Von deinem Vater und deiner Mutter bist du
● die Tochter   ○ der Enkel   ● das Kind   ● der Sohn   ○ der Neffe
Von deinen Großeltern sind deine Eltern
○ Neffen   ● Kinder   ○ Onkeln   ○ Tanten   ○ Nichten   ○ Cousin
Wenn Urgroßeltern, Großeltern, Eltern und Kinder zusammen wohnen, sprechen wir
von   ○ 4 Generatoren   ● 4 Generationen   ○ 4 Honoratioren

4. Wie lässt sich eine Familiengeschichte darstellen? Kreuze an!   2
● als Familienchronik   ○ als Stammbuch   ● als Stammbaum   ○ als Stammbund

5. Für die Menschen, die vor uns lebten, gibt es viele Namen. Kreuze an!   4
  ● Ahnen   ○ Ammen   ○ Neandertaler   ● Vorfahren   ○ Vorturner
  ○ Vorläufer   ● Vorväter   ● Urahnen   ○ Frühmenschen   ○ Vordere

Von ⟨20⟩ Punkten hast du ◯ Punkte erreicht! Das ist die Note: ☐

. Lernziel-Kontrolle   Name: Datum:

1. Kinder, wie die Zeit vergeht! Welcher Satz passt zu welchem Bild? Ordne zu!   4
A Meine Mutter nahm mich als Kleinkind auf den Arm.   (Bild   )
B Bei meinen Großeltern bin ich manchmal in den Ferien.   (Bild   )
C Ich heiße Tommi, bin 9 Jahre alt und spiele gerne Fußball. (Bild   )
D Meine Urgroßeltern kenne ich nur von alten Fotografien.   (Bild   )

2. Wir entwickeln uns. Nummeriere die Bilder von 1 bis 8 richtig durch!   8

3. Alles scheint sich zu wandeln. Male die zusammengehörenden Bildpaare mit der
   gleichen Farbe aus! Finde dazu passende Begriffe!

8

Von ⟨20⟩ Punkten hast du ◯ Punkte erreicht! Das ist die Note: ☐

. Lernziel-Kontrolle   Name: Datum:

1. Kinder, wie die Zeit vergeht! Welcher Satz passt zu welchem Bild? Ordne zu!   4
A Meine Mutter nahm mich als Kleinkind auf den Arm.   (Bild   **3**)
B Bei meinen Großeltern bin ich manchmal in den Ferien.   (Bild   **2**)
C Ich heiße Tommi, bin 9 Jahre alt und spiele gerne Fußball. (Bild   **4**)
D Meine Urgroßeltern kenne ich nur von alten Fotografien.   (Bild   **1**)

2. Wir entwickeln uns. Nummeriere die Bilder von 1 bis 8 richtig durch!   8

3. Alles scheint sich zu wandeln. Male die zusammengehörenden Bildpaare mit der
   gleichen Farbe aus! Finde dazu passende Begriffe!

8

Küken Huhn

Rohbau - Haus

Säugling - Schulkind

Jungpflanze   *- Baum*

Von ⓴ Punkten hast du ◯ Punkte erreicht! Das ist die Note: ☐

. Lernziel-Kontrolle   Name: Datum:

1. Ordne die Bilder in der richtigen zeitlichen Reihenfolge ein!   5

2. Kennzeichne mit zwei verschiedenen Farben jeweils die Gegenstände von früher
   und von heute!   7

Postkutsche - Computer - Nachtwächter - Atomkraftwerk - Mähdrescher - Videoband
Kühlschrank - Dreschflegel - Zunft - Armbrust - Telefon - Hufschmid - Oldtimer - TV

3. Umrande die Bilder, die zur Vergangenheit passen!   5

4. Woher wissen wir etwas über früher? Ein Begriff ist falsch. Kreuze ihn an!   1
O Bodenfunde   O Grabungen   O Befragungen   O alte Bücher   O alte Gebäude   O Höhlenzeichnungen   O Raumfahrt   O Denkmäler   O Funde

5. Welche Gegenstände sagen etwas über die Vergangenheit aus? Kreuze an!   2
O Knochenfunde   O Scherben   O Waffen   O Computer   O Versteinerungen

6. Wo lebten früher die einfachen Menschen?   1
O in Lehmhütten   O in Palästen   O in Bürgerhäusern   O in Schlössern

7. Wer lebte in Burgen?   1
O Könige   O Kaiser   O Ritter   O Handwerker   O Bauern   O Bettler

8. Ordne folgende Begriffe in der richtigen Reihenfolge: 4
   Steinzeit - Postkutschenzeit - Römerzeit - Computerzeitalter

Von (26) Punkten hast du ◯ Punkte erreicht! Das ist die Note: ☐

. Lernziel-Kontrolle   Name: Datum:

1. Ordne die Bilder in der richtigen zeitlichen Reihenfolge ein!   5

1. Automobil   2. Flugzeug   3. Fernseher   4. Mondlandung   5. Computer

2. Kennzeichne mit zwei verschiedenen Farben jeweils die Gegenstände von früher und von heute!   7

Postkutsche - **Computer** - Nachtwächter - **Atomkraftwerk** - Mähdrescher - **Videoband** -**Kühlschrank** - Dreschflegel - Zunft - Armbrust - **Telefon** - Hufschmid - Oldtimer - **TV**

3. Umrande die Bilder, die zur Vergangenheit passen!   5

4. Woher wissen wir etwas über früher? Ein Begriff ist falsch. Kreuze ihn an!   1

O Bodenfunde   O Grabungen   O Befragungen   O alte Bücher   O alte Gebäude   O Höhlenzeichnungen   ● Raumfahrt   O Denkmäler   O Funde

5. Welche Gegenstände sagen etwas über die Vergangenheit aus? Kreuze an!   2

● Knochenfunde   ● Scherben   ● Waffen   O Computer   ● Versteinerungen

6. Wo lebten früher die einfachen Menschen?   1

● in Lehmhütten   O in Palästen   O in Bürgerhäusern   O in Schlössern

7. Wer lebte in Burgen?   1

O Könige   O Kaiser   ● Ritter   O Handwerker   O Bauern   O Bettler

8. Ordne folgende Begriffe in der richtigen Reihenfolge: 4
   Steinzeit - Postkutschenzeit - Römerzeit - Computerzeitalter
   Steinzeit, Römerzeit, Postkutschenzeit, Computerzeitalter

Von (26) Punkten hast du ◯ Punkte erreicht! Das ist die Note: ☐

. Lernziel-Kontrolle   Name: Datum:

1. Schule früher - Schule heute. Unterstreiche die Begriffe mit   10
   zwei verschiedenen Farben!
Schiefertafel - Füllerpatrone - Eselsbank - Federmäppchen - Griffelschachtel - Prügelstrafe - Heimat- und Sachkunde - Rechenbuch - Mathematik - Rohrstock - einklassige Schule - mehrzügige Schule - Katheter - Volksschule - Gesamtschule -
Tageslichtprojektor - Kachelofen - Schulfunk - Gänsefeder - Schulbus

2. In vielen Schulen zahlt der Staat die Schulbücher. Wie heißt der Begriff dazu? 1
   O Lehrmittelfreizügigkeit   O Lehrfreiheit   O Lehrmittelfreiheit

3. Wer vertritt in der Schule die Rechte der Eltern? Kreuze an!   2
   O Lehrerverband   O Schulforum   O Elternbeirat   O Klasseneltersprecher

4. Wie hieß früher die Schulstunde, in der Kindern "Sitten beigebracht" wurden? 1
   O Sozialkunde   O Anstandsstunde   O Gemeinschaftskunde   O Lernstunde

5. In welchem Raum lernen Schüler heute Fremdsprachen?   1
   O Physikraum   O Chemieraum   O Sprachlabor   O Laboratorium   O Aula

6. Wie heißt die Schulstufe, in die alle sechs- bis zehnjährigen Kinder gehen? 1
   O Gesamtschule   O Hauptschule   O Grundschule   O Elementarschule

7. Katheter ist ein altes Wort für Pult. Stimmt diese Aussage?   O ja   O nein 1

8. Kennzeichne die Spielsachen von früher mit Farbe und schreibe ihre Namen unten auf!   12

Von ⓐ Punkten hast du ◯ Punkte erreicht! Das ist die Note: ☐

. Lernziel-Kontrolle   Name: Datum:

1. Schule früher - Schule heute. Unterstreiche die Begriffe mit   10
   zwei verschiedenen Farben!
Schiefertafel - **Füllerpatrone** - Eselsbank - **Federmäppchen** - Griffelschachtel -
Prügelstrafe - **Heimat- und Sachkunde** - Rechenbuch - **Mathematik** - Rohrstock -
einklassige Schule - **mehrzügige Schule** - Katheter - Volksschule - **Gesamtschule**
- **Tageslichtprojektor** - Kachelofen - **Schulfunk** - Gänsefeder - **Schulbus**

2. In vielen Schulen zahlt der Staat die Schulbücher. Wie heißt der Begriff dazu?   1
   O Lehrmittelfreizügigkeit   O Lehrfreiheit   ● Lehrmittelfreiheit

3. Wer vertritt in der Schule die Rechte der Eltern? Kreuze an!   2
   O Lehrerverband   O Schulforum   ● Elternbeirat   ● Klassenelternsprecher

4. Wie hieß früher die Schulstunde, in der Kindern "Sitten beigebracht" wurden?   1
O Sozialkunde   ● Anstandsstunde   O Gemeinschaftskunde   O Lernstunde

5. In welchem Raum lernen Schüler heute Fremdsprachen?   1
O Physikraum   O Chemieraum   ● Sprachlabor   O Laboratorium   O Aula

6. Wie heißt die Schulstufe, in die alle sechs- bis zehnjährigen Kinder gehen?   1
O Gesamtschule   O Hauptschule   ● Grundschule   O Elementarschule

7. Katheter ist ein altes Wort für Pult. Stimmt diese Aussage?   ● ja   O nein   1

8. Kennzeichne die Spielsachen von früher mit Farbe und schreibe ihre Namen unten auf!   12

Kreisel, Reifen, Steckenpferd, Zinnsoldat, Dampfmaschine, Eisenbahn

Von ⟨29⟩ Punkten hast du ◯ Punkte erreicht! Das ist die Note: ☐

. Lernziel-Kontrolle   Name: Datum:

1. So entstanden unsere Städte! Ordne den Aussagen die richtigen Bilder zu!   5

A Städte entstanden an Handelsstraßen, weil die Menschen Tauschhandel betrieben. **(Bild _)**

B Städte entstanden an Burgen, weil Burgen Schutz vor Feinden boten. **(Bild _)**

C Städte entstanden an römischen Kastellen, weil die Römer dort die Grenzen sicherten. **(Bild_)**

D Städte entstanden an Flussübergänge, weil an Brücken Zoll erhoben wurde. **(Bild _)**

E Städte entstanden in der Nähe von Klöstern, weil die Mönche neue Kulturtechniken brachten. **(Bild _)**

2. So entstanden unsere Dörfer! Ordne den Aussagen die richtigen Bilder zu!   4

1 In Straßendörfern liegen die Häuser aneinander gereiht direkt an der Straße. **(Bild _)**

2 Angerdörfer entstanden im gerodeten Wald; in der Dorfmitte gibt es einen großen freien Platz. **(Bild_)**

3 Runddörfer, auch Rundlinge genannt, boten Schutz vor Feinden. **(Bild_)**

4 Haufendörfer haben keinen geordneten Aufbau; die Häuser liegen beliebig verstreut. **(Bild _)**

3. Woher kommt der Name unserer Heimatgemeinde? Erkläre!   3

Von ⑫ Punkten hast du ◯ Punkte erreicht! Das ist die Note: ☐

. Lernziel-Kontrolle   Name: Datum:

1. So entstanden unsere Städte! Ordne den Aussagen die richtigen Bilder zu!   5

   A Städte entstanden an Handelsstraßen, weil die Menschen Tauschhandel betrieben. **(Bild 5)**

   B Städte entstanden an Burgen, weil Burgen Schutz vor Feinden boten. **(Bild 3)**

   C Städte entstanden an römischen Kastellen, weil die Römer dort die Grenzen sicherten. **(Bild 1)**

   D Städte entstanden an Flussübergänge, weil an Brücken Zoll erhoben wurde. **(Bild 4)**

   E Städte entstanden in der Nähe von Klöstern, weil die Mönche neue Kulturtechniken brachten. **(Bild 2)**

2. So entstanden unsere Dörfer! Ordne den Aussagen die richtigen Bilder zu!   4

   1 In Straßendörfern liegen die Häuser aneinander gereiht direkt an der Straße. **(Bild 2)**

   2 Angerdörfer entstanden im gerodeten Wald; in der Dorfmitte gibt es einen großen freien Platz. **(Bild 4)**

   3 Runddörfer, auch Rundlinge genannt, boten Schutz vor Feinden. **(Bild 3)**

   4 Haufendörfer haben keinen geordneten Aufbau; die Häuser liegen beliebig verstreut. **(Bild 1)**

3. Woher kommt der Name unserer Heimatgemeinde? Erkläre!   3

Von ⑫ Punkten hast du ◯ Punkte erreicht! Das ist die Note: ☐

. Lernziel-Kontrolle   Name: Datum:

1. Kreuze an, ob diese Aussagen richtig oder falsch sind!   richtig   falsch   6

	richtig	falsch
In Zeichentrickfilmen lernen wir über das Verhalten von Tieren.	O	O
Vor dem Schlafengehen schauen wir aufregende Filme an.	O	O
Nach einer Sendung sprechen wir über ihren Inhalt.	O	O
Fünf Stunden fernsehen täglich ist normal.	O	O
Wir wählen stets bestimmte Sendungen aus.	O	O
Gute Programmzeitschriften helfen bei der Auswahl.	O	O

2. Das Fernsehen bringt Gefahren. Kreuze die richtigen Aussagen an!   4

O Manche Filme erzeugen Angst bei Kindern.
O Man lernt die Meinung anderer Menschen kennen.
O Information ist für alle Menschen wichtig.
O Man kann durch langes Fernsehen die Augen schädigen.
O Fernsehen kann zu Schlafstörungen führen.
O Fernsehen fördert den Bewegungsmangel.

3. Guter Rat ist auch beim Fernsehen teuer. Vervollständige den Lückentext!   5

O _____ täglich nur eine Sendung aus der Programmzeitschrift aus!
O Wähle eine interessante, lehrreiche oder lustige _____ aus!
O _____ mit deinen Eltern über die gesehene Sendung!
O 45 Minuten fernsehen _____ genügt!
O Fernsehen soll nur ein _____ Teil deiner Freizeitgestaltung sein!

4. Die Buchstaben der richtigen Aussagen ergeben das Lösungswort: _____
  8

T Vieles, was du in Spielfilmen siehst, entspricht nicht der Wirklichkeit.
A In Nachrichtensendungen sind viele Szenen nachgespielt.
I In Nachrichtensendungen berichten Reporter über die Wirklichkeit.
G Gewaltszenen gehören zu jedem guten Film.
E Gewaltszenen sollten in Filmen nicht vorkommen.
Z In Tier-Comics gibt es keine Gewaltszenen.
R Auch in Tier-Comics kommt es oft zu Gewaltszenen.
F Gute Kinderfilme sind in guten Programmzeitschriften besonders hervorgehoben.
K Alle Kindersendungen sind langweilig.
I Western sind nur für Erwachsene geeignet.
N Kindersendungen werden meist abends ausgestrahlt.
L Sportsendungen gefallen jung und alt.
M Werbe-Einblendungen stören gute Filme.

Von (23) Punkten hast du ( ) Punkte erreicht! Das ist die Note: [ ]

. Lernziel-Kontrolle   Name: Datum:

1. Kreuze an, ob diese Aussagen richtig oder falsch sind!   richtig   falsch 6

	richtig	falsch
In Zeichentrickfilmen lernen wir über das Verhalten von Tieren.	O	●
Vor dem Schlafengehen schauen wir aufregende Filme an.	O	●
Nach einer Sendung sprechen wir über ihren Inhalt.	●	O
Fünf Stunden fernsehen täglich ist normal.	O	●
Wir wählen stets bestimmte Sendungen aus.	●	O
Gute Programmzeitschriften helfen bei der Auswahl.	●	O

2. Das Fernsehen bringt Gefahren. Kreuze die richtigen Aussagen an!   4

● Manche Filme erzeugen Angst bei Kindern.
O Man lernt die Meinung anderer Menschen kennen.
O Information ist für alle Menschen wichtig.
● Man kann durch langes Fernsehen die Augen schädigen.
● Fernsehen kann zu Schlafstörungen führen.
● Fernsehen fördert den Bewegungsmangel.

3. Guter Rat ist auch beim Fernsehen teuer. Vervollständige den Lückentext!   5

O   **Wähle**   täglich nur eine Sendung aus der Programmzeitschrift aus!
O Wähle eine interessante, lehrreiche oder lustige   **Sendung**   aus!
O   **Sprich**   mit deinen Eltern über die gesehene Sendung!
O 45 Minuten fernsehen   **täglich**   genügt!
O Fernsehen soll nur ein   **kleiner**   Teil deiner Freizeitgestaltung sein!

4. Die Buchstaben der richtigen Aussagen ergeben das Lösungswort: TIERFILM   8

T Vieles, was du im Spielfilm siehst, entspricht nicht der Wirklichkeit.
A In Nachrichtensendungen sind viele Szenen nachgespielt.
I In Nachrichtensendungen berichten Reporter über die Wirklichkeit.
G Gewaltszenen gehören zu jedem guten Film.
E Gewaltszenen sollten in Filmen nicht vorkommen.
Z In Tier-Comics gibt es keine Gewaltszenen.
R Auch in Tier-Comics kommt es oft zu Gewaltszenen.
F Gute Kinderfilme sind in guten Programmzeitschriften besonders hervorgehoben.
K Alle Kindersendungen sind langweilig.
I Western sind nur für Erwachsene geeignet.
N Kindersendungen werden meist abends ausgestrahlt.
L Sportsendungen gefallen jung und alt.
M Werbe-Einblendungen stören gute Filme.

Von (23) Punkten hast du ( ) Punkte erreicht! Das ist die Note: [ ]

. Lernziel-Kontrolle	Name:	Datum:

1. Freizeit muss nicht allein Fernsehen sein! Welche Ausagen stimmen? Kreuze an!   4
O Schi- und Schlittenfahren sind schöne Wintersportarten.
O Beim Fernsehen hat man viel Bewegung.
O Fernsehen ist besser als Bewegung in frischer Luft.
O Wandern ist eine Sportart für alle Leute.
O Fußball ist eine typische Hallensportart.
O Schach spielen trainiert den Geist.
O Spielen, basteln, zeichnen und malen kann man bei
     schlechtem Wetter.

2. Bei welchen Freizeitangeboten kannst du Menschen eine Freude machen?   2
    Kreuze an!
O abspülen   O basteln   O Blumen gießen   O Briefmarken sammeln
O einkaufen   O Federball spielen   O Haustier versorgen   O Karten spielen

3. Zu welchen Hobbies brauchst du unbedingt Mitspieler? Kreuze an!   4
O Lego bauen   O Monopoly spielen   O nähen   O Quartett spielen
O Rad fahren   O reiten   O Schach spielen   O Tischtennis spielen

4. Welches Hobby passt nicht in die Reihe? Kreuze an!   1
O gärtnern   O Unkraut jäten   O Nistkästen basteln   O Rollschuh fahren

5. Welche Hobbies sind unten abgebildet?   7

6. Warum braucht der Mensch Freizeit? Nenne drei Gründe!   3

7. Manche Erwachsene nutzen ihre Freizeit für die Weiterbildung.   1
    Stimmt diese Aussage?   O ja   O nein

8. Wie viel Stunden in der Woche arbeitete der Mensch früher? Kreuze an!   1
   O 40 Stunden   O 50 Stunden   O 60 Stunden   O 70 Stunden

Von (23) Punkten hast du ◯ Punkte erreicht! Das ist die Note: ☐

. Lernziel-Kontrolle   Name: Datum:

1. Freizeit muss nicht allein Fernsehen sein! Welche Ausagen stimmen? Kreuze an!   4
● Schi- und Schlittenfahren sind schöne Wintersportarten.
O Beim Fernsehen hat man viel Bewegung.
O Fernsehen ist besser als Bewegung in frischer Luft.
● Wandern ist eine Sportart für alle Leute.
O Fußball ist eine typische Hallensportart.
● Schach spielen trainiert den Geist.
● Spielen, basteln, zeichnen und malen kann man bei
   schlechtem Wetter.

2. Bei welchen Freizeitangeboten kannst du Menschen eine Freude machen?   2
   Kreuze an!
● abspülen   O basteln   O Blumen gießen   O Briefmarken sammeln
● einkaufen   O Federball spielen   O Haustier versorgen   O Karten spielen

3. Zu welchen Hobbies brauchst du unbedingt Mitspieler? Kreuze an!   4
O Lego bauen   ● Monopoly spielen   O nähen   ● Quartett spielen
O Rad fahren   O reiten   ● Schach spielen   ● Tischtennis spielen

4. Welches Hobby passt nicht in die Reihe? Kreuze an!   1
O gärtnern   O Unkraut jäten   O Nistkästen basteln   ● Rollschuh fahren
5. Welche Hobbies sind unten abgebildet?   7

reisen, musizieren, Mühle, basteln, Kartenspiel, Schach, Rollschuh
6. Warum braucht der Mensch Freizeit? Nenne drei Gründe!   3

1. Freizeit ist ein Ausgleich für berufliche Anspannung, baut Stress ab.
2. In der Freizeit kann der Mensch verschiedenen Hobbies nachgehen.
3. Freizeit schafft neue Kraft und Freude.

7. Manche Erwachsene nutzen ihre Freizeit für die Weiterbildung.   1
   Stimmt diese Aussage?   ● ja   O nein

8. Wie viel Stunden in der Woche arbeitete der Mensch früher? Kreuze an!   1
   O 40 Stunden   O 50 Stunden   ● 60 Stunden   O 70 Stunden

Von ㉓ Punkten hast du ◯ Punkte erreicht! Das ist die Note: ☐

. **Lernziel-Kontrolle**   Name: Datum:

1. Ordne die Begriffe der Reihe nach: 2
   Bäckermeister - Bäckergeselle - Bäcker-Obermeister - Bäckerlehrling

   [   ]

2. Wann beginnt das Bäcker mit der Arbeit? Kreuze richtig an!   1
   O um 3 Uhr früh   O um 5 Uhr früh   O um 7 Uhr früh

3. Wann ist der Bäcker mit seiner Arbeit fertig?   1
   O um 11 Uhr vormittags   O um 13 Uhr mittags   O um 15 Uhr nachmittags

4. Welche Zutaten bereitet der Bäcker zum Brot backen vor? Kreuze an!   2
   O Zucker   O Salz   O Pfeffer   O Mehl   O Wein   O Wasser
   O Sauerteig   O Rosinen   O Äpfel   O Vanille   O Paprika

5. Aus welchen Zutaten besteht Sauerteig? Kreuze die falsche Zutat an!   1
   O Mehl   O Wasser   O Wasser   O Haferflocken   O Hefe

6. Nenne fünf verschiedene Brotsorten!   5

   [   ]
   [   ]

7. Welche Getreidearten enthält Sechskorn-Brot? Kreuze an, was nicht stimmt!   1
   O Roggen   O Hafer   O Gerste   O Weizen   O Flachs   O Mais   O Hirse

8. Welche Tätigkeiten führt der Bäcker der Reihe nach aus? Nummeriere richtig!   5
   ☐ Beginn der Backzeit
   ☐ Öffnung des Bäckerladens
   ☐ Vorbereitung der Backzutaten
   ☐ Arbeitsschluss in der Backstube
   ☐ Auslieferung der frischen Semmeln

9. Warum ist Vollkornbrot gesünder als Weißbrot?   3
   O Vollkornbrot gibt dem Körper die nötigen Ballaststoffe.
   O Vollkornbrot sättigt eher als Weißbrot.
   O Vollkornbrot ersetzt sogar Fleisch, Eier und Butter.
   O Vollkornbrot regt die Verdauung an.
   O Vollkornbrot ist eins der gesündesten Lebensmittel.

10. So bäckt man Brot! Male die passenden Begriffe mit gleicher Farbe aus!   5
   Backofen - Zutaten mischen und kneten - Gärschrank - Laibe backen - Teig gehen
   lassen - Knetmaschine - Teig gehen lassen - Gärschrank - Wirkmaschine - Laibe
   formen

Von ⓻ Punkten hast du ◯ Punkte erreicht! Das ist die Note: [   ]

. Lernziel-Kontrolle   Name: Datum:

1. Ordne die Begriffe der Reihe nach: 2
   Bäckermeister - Bäckergeselle - Bäcker-Obermeister - Bäckerlehrling
   Bäckerlehrling, Bäckergeselle, Bäckermeister, Bäcker-Obermeister

2. Wann beginnt das Bäcker mit der Arbeit? Kreuze richtig an!   1
   ● um 3 Uhr früh   ○ um 5 Uhr früh   ○ um 7 Uhr früh

3. Wann ist der Bäcker mit seiner Arbeit fertig?   1
   ● um 11 Uhr vormittags   ○ um 13 Uhr mittags   ○ um 15 Uhr nachmittags

4. Welche Zutaten bereitet der Bäcker zum Brot backen vor? Kreuze an!   2
   ○ Zucker   ● Salz   ○ Pfeffer   ● Mehl   ○ Wein   ● Wasser
   ● Sauerteig   ○ Rosinen   ○ Äpfel   ○ Vanille   ○ Paprika

5. Aus welchen Zutaten besteht Sauerteig? Kreuze die falsche Zutat an!   1
   ○ Mehl   ○ Wasser   ○ Wasser   ● Haferflocken   ○ Hefe

6. Nenne fünf verschiedene Brotsorten!   5
   **Bauernbrot, Weißbrot, Vollkornbrot, Sechskornbrot, Mischbrot,
   Sonnenblumenbrot**

7. Welche Getreidearten enthält Sechskorn-Brot? Kreuze an, was nicht stimmt!   1
   ○ Roggen   ○ Hafer   ○ Gerste   ○ Weizen   ● Flachs   ○ Mais   ○ Hirse

8. Welche Tätigkeiten führt der Bäcker der Reihe nach aus? Nummeriere richtig!   5
   2.   Beginn der Backzeit
   4.   Öffnung des Bäckerladens
   1.   Vorbereitung der Backzutaten
   5.   Arbeitsschluss in der Backstube
   3.   Auslieferung der frischen Semmeln

9. Warum ist Vollkornbrot gesünder als Weißbrot?   3
   ● Vollkornbrot gibt dem Körper die nötigen Ballaststoffe.
   ● Vollkornbrot sättigt eher als Weißbrot.
   ○ Vollkornbrot ersetzt sogar Fleisch, Eier und Butter.
   ● Vollkornbrot regt die Verdauung an.
   ○ Vollkornbrot ist eins der gesündesten Lebensmittel.

10. So bäckt man Brot! Male die passenden Begriffe mit gleicher Farbe aus!   5
Backofen - *Zutaten mischen und kneten* - Gärschrank - **Laibe backen** - Teig gehen
lassen - *Knetmaschine* - Teig gehen lassen - Gärschrank - *Wirkmaschine* - *Laibe
formen*

㉖ Punkten hast du ◯ Punkte erreicht! Das ist die Note: ☐

. Lernziel-Kontrolle	Name:	Datum:

1. In welcher Himmelsrichtung steht die Sonne zur angegebenen Zeit! Zeichne! 6

8 Uhr	10 Uhr	12 Uhr	15 Uhr	18 Uhr
N W — O S	N W — O S	N W — O S	N W — O S	N W — O S

2. Welche Tageszeit haben wir? Kreuze richtig an! 1

O Es ist Mittag

O Es ist Abend.

O Es ist früh am Morgen.

3. Tobias wandert. Es ist gerade 12 Uhr mittags. 3
    In welchen Himmelrichtungen liegen
    Stadt, Markt und Dorf?

Stadt liegt im: [＿＿＿＿＿]

Markt liegt im: [＿＿＿＿＿]

Dorf liegt im: [＿＿＿＿＿]

4.

Trage die Himmelsrichtungen ein!

5. 8/1

Aus welcher Himmelsrichtung bläst der Wind?

[＿＿＿＿＿＿＿＿＿＿＿＿＿]

6. Die Buchstaben der richtigen Aussagen ergeben das Lösungswort:

W Die Sonne sagt uns die Himmelsrichtungen.

[＿＿＿＿＿＿＿＿] 9

M Die Sonne sagt nichts über die Himmelsrichtungen.

E Auf der Landkarte ist oben immer Norden.

R Auf der Landkarte ist oben immer Süden.

G Die Windrose gibt die Himmelsrichtungen an.

W Die Kompassnadel zeigt immer nach Norden.

M Die Kompassnadel zeigt immer nach Süden.

E Auch der Schatten zeigt die Himmelsrichtungen.

L Der Polarstern steht im Westen.

I Der Polarstern steht im Norden.

S Bäume können Richtungsweiser sein.

E Im Norden sehen wir die Sonne nie.

N Wo die Sonne untergeht, ist Süden.

R Wo die Sonne aufgeht, ist Osten.

Von (28) Punkten hast du ( ) Punkte erreicht! Das ist die Note: [＿＿]

. Lernziel-Kontrolle   Name: Datum:

1. In welcher Himmelsrichtung steht die Sonne zur angegebenen Zeit! Zeichne!   6

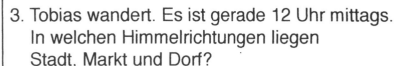

8 Uhr	10 Uhr	12 Uhr	15 Uhr	18 Uhr

2. Welche Tageszeit haben wir? Kreuze richtig an!   1

O Es ist Mittag

● Es ist Abend.

O Es ist früh am Morgen.

3. Tobias wandert. Es ist gerade 12 Uhr mittags.   3
In welchen Himmelrichtungen liegen
Stadt, Markt und Dorf?

Stadt liegt im: **Norden**

Markt liegt im: **Westen**

Dorf liegt im: **Süden**

4.   **5.**   8/1

Trage die Himmelsrichtungen ein!   Aus welcher Himmelsrichtung bläst der Wind?

Der Wind bläst von Westen.

6. Die Buchstaben der richtigen Aussagen ergeben das Lösungswort: Wegweiser

W Die Sonne sagt uns die Himmelsrichtungen.

M Die Sonne sagt nichts über die Himmelsrichtungen.   9

E Auf der Landkarte ist oben immer Norden.

R Auf der Landkarte ist oben immer Süden.

G Die Windrose gibt die Himmelsrichtungen an.

W Die Kompassnadel zeigt immer nach Norden.

M Die Kompassnadel zeigt immer nach Süden.

E Auch der Schatten zeigt die Himmelsrichtungen.

L Der Polarstern steht im Westen.

I Der Polarstern steht im Norden.

S Bäume können Richtungsweiser sein.

E Im Norden sehen wir die Sonne nie.

N Wo die Sonne untergeht, ist Süden.

R Wo die Sonne aufgeht, ist Osten.

Von (28) Punkten hast du ( ) Punkte erreicht! Das ist die Note: [ ]

. Lernziel-Kontrolle   Name: Datum:

1. Wasser versickert im Boden. Welche Aussage ist richtig?   1
   Kreuze sie an!
O Kies, Sand und Humus sind wasserundurchlässige Schichten.
O Lehm ist eine wasserundurchlässige Schicht.
O Humus und Lehm sind wasserundurchlässige Schichten.

2. Woher kommt das Brunnenwasser?   6
   Nummeriere die Sätze in der richtigen
   Reihenfolge!
O Wir setzen ein Rohr als
   Brunnenschacht ein.
O Wir geben Sand drauf.
O Wir lassen es regnen.
O Wir nehmen einen Glasbehälter
   und füllen ihn mit Kies.
O Wir graben einen Brunnenschacht.
O Auf den Sand schütten wir Humus.

3. Warum hat das Leitungswasser so viel Druck drauf? Finde die richtigen Begriffe!

6

4. Was versteht man unter zentraler Wasserversorgung? Kreuze an!
O Alle Bürger bekommen das Wasser vom gleichen Brunnen.   1
O Alle Haushalte sind an eine Wasserversorgung angeschlossen.
O Alle Gemeinden und Städte haben eine gemeinsame Wasserversorgung.

5. Nicht die Gemeinde, sondern der Landkreis kümmert sich um die Wasserversorgung der Haushalte. Stimmt diese Aussage?   O ja   O nein

                                                                        1
6. Woher hat eine Stadt oder Gemeinde das Trinkwasser?
   O Wasserkeller   O Wasserbehälter   O Wasserwerk   O Wasserturbine   1

Von ⑯ Punkten hast du ◯ Punkte erreicht! Das ist die Note: ☐

. Lernziel-Kontrolle   Name: Datum:

1. Wasser versickert im Boden. Welche Aussage ist richtig?   1
   Kreuze sie an!

O Kies, Sand und Humus sind wasserundurchlässige Schichten.

● Lehm ist eine wasserundurchlässige Schicht.

O Humus und Lehm sind wasserundurchlässige Schichten.

2. Woher kommt das Brunnenwasser?   6
   Nummeriere die Sätze in der richtigen
   Reihenfolge!

1. Wir nehmen einen Glasbehälter
   und füllen ihn mit Kies.

2. Wir geben Sand drauf.

3. Auf den Sand schütten wir Humus.

4. Wir graben einen Brunnenschacht.

5. Wir setzen ein Rohr als
   Brunnenschacht ein.

6. Wir lassen es regnen.

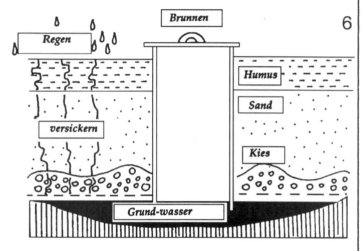

3. Warum hat das Leitungswasser so viel Druck drauf? Finde die richtigen Begriffe!   6

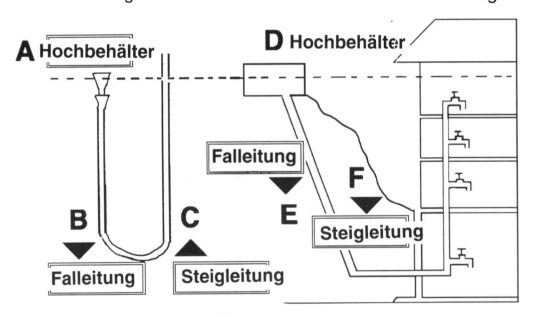

4. Was versteht man unter zentraler Wasserversorgung? Kreuze an!   1

O Alle Bürger bekommen das Wasser vom gleichen Brunnen.

● Alle Haushalte sind an eine Wasserversorgung angeschlossen.

O Alle Gemeinden und Städte haben eine gemeinsame Wasserversorgung.

5. Nicht die Gemeinde, sondern der Landkreis kümmert sich um die Wasserversorgung der Haushalte. Stimmt diese Aussage?   O ja   ● nein   1

6. Woher hat eine Stadt oder Gemeinde das Trinkwasser?   1
   O Wasserkeller   O Wasserbehälter   ● Wasserwerk   O Wasserturbine

Von ⑯ Punkten hast du ◯ Punkte erreicht! Das ist die Note: ☐

. Lernziel-Kontrolle   Name: Datum:

1. So musste früher Wasser geholt werden! Finde passende Begriffe!   4

1 **2** **3** **4**

2. In welchen Räumen befindet sich heute ein Wasseranschluss? Kreuze an!   3
O Küche   O Wohnzimmer   O Gang   O Keller   O Toilette   O Bad
O Garage   O Kinderzimmer   O Waschraum   O Treppenhaus
O Schlafzimmer   O Flur

3. Wie viel Liter Wasser verbrauchen wir täglich? Kreuze an!   1
   O 50 Liter   O 100 Liter   O 200 Liter   O 600 Liter

4. In welchen Teilen der Erde herrscht Wassernot?   2

5. Wen bedroht akuter und langanhaltender Wassermangel?   3

6. Wasser ist Lebensgrundlage. Was bedeutet das?   2

7. Die Buchstaben der richtigen Aussagen ergeben das Lösungswort:

    6

   S Das Wasser hat für Mensch, Tier und Pflanze große Bedeutung.
   E Im Alltag brauchen wir nicht Wasser sparen, denn es gibt genügend.
   C Im Alltag sollten wir auf wenig Wasserverbrauch achten.
   K Bei Wassermangel sollten wir Auto waschen
      und den Garten gießen.
   H Bei Wassermangel verdorren Pflanzen.
   R Im Haushalt wird das meiste Wasser für
      Kochen und Putzen verwendet.
   U Im Haushalt wird das meiste Wasser für
      Waschen, Toilette und Baden verwendet.
   G Wir sollten täglich ein Vollbad nehmen.
   T Eine Dusche ist vom Wasserverbrauch
      her besser als ein Vollbad.
   Z Gartengießen sollte man nur mit Regen-
      wasser.
   A Es müssen noch keine Maßnahmen
      ergriffen werden, um das lebens-
      notwendige Trinkwasser einzusparen.

Von (21) Punkten hast du ◯ Punkte erreicht! Das ist die Note:

. Lernziel-Kontrolle Name: Datum:

1. So musste früher Wasser geholt werden! Finde passende Begriffe! 4

See, Teich - Ziehbrunnen - Quelle - Pumpbrunnen

2. In welchen Räumen befindet sich heute ein Wasseranschluss? Kreuze an! 3

● Küche O Wohnzimmer O Gang ● Keller ● Toilette ● Bad
● Garage O Kinderzimmer ● Waschraum O Treppenhaus
O Schlafzimmer O Flur

3. Wie viel Liter Wasser verbrauchen wir täglich? Kreuze an! 1

O 50 Liter O 100 Liter ● 200 Liter O 600 Liter

4. In welchen Teilen der Erde herrscht Wassernot? 2

Wüstengebiete, Dürreregionen

5. Wen bedroht akuter und langanhaltender Wassermangel? 3

Menschen, Tiere, Pflanzen

6. Wasser ist Lebensgrundlage. Was bedeutet das? 2

Menschen, Tiere un d Pflanzen können ohne Wasser nicht über-leben.

7. Die Buchstaben der richtigen Aussagen ergeben das Lösungswort: **SCHUTZ** 6

S Das Wasser hat für Mensch, Tier und Pflanze große Bedeutung.
E Im Alltag brauchen wir nicht Wasser sparen, denn es gibt genügend.
C Im Alltag sollten wir auf wenig Wasserverbrauch achten.
K Bei Wassermangel sollten wir Auto waschen und den Garten gießen.
H Bei Wassermangel können Pflanzen verdorren.
R Im Haushalt wird das meiste Wasser für Kochen und Putzen verwendet.
U Im Haushalt wird das meiste Wasser für Waschen, Toilette und Baden verwendet.
G Wir sollten täglich ein Vollbad nehmen.
T Eine Dusche ist vom Wasserverbrauch her besser als ein Vollbad.
Z Gartengießen sollte man nur mit Regen-wasser.
A Es müssen noch keine Maßnahmen ergriffen werden, um das lebensnotwendige Trinkwasser einzusparen.

Von (21) Punkten hast du ( ) Punkte erreicht! Das ist die Note: ☐

. Lernziel-Kontrolle   Name: Datum:

1. Unterstreiche die Nahrungsmittel mit der richtigen Farbe!   5
        Eiweiß und Fett: rot   Kohlehydrate: blau   Vitamine: grün
    Butter - Kartoffel - Salat - Fett - Nudeln - Tomate - Öl - Nüsse - Apfel - Ei - Brot -
    Zitrone - Milch - Zucker - Mohrrüben - Fisch - Fleisch - Säfte - Quark - Käse

2. Verbinde mit Pfeilen, was zusammengehört!   3
        Eiweiß und Fett   schützen
            Vitamine   dienen als Aufbaustoffe
        Kohlehydrate   geben Kraft

3. Was passt gut als Pausebrot? Streiche die drei falschen Sachen weg!   3

                                                                                8
4. Wenn du die Früchte richtig ordnest, ergeben sie die beiden Lösungswörter: 8

    [   ]

    Pfirsiche (E) - Birnen (I) - Ananas (T) - Pflaumen (N) - Walnüsse (A) -
        Mandeln (I) - Äpfel (V) - Haselnüsse (M)

    Weintrauben (I) - Johannisbeeren (V) - Stachelbeeren (T) - Zitronen (M) -
        Kirschen (A) - Erdbeeren (E) - Himbeeren (I) - Mandarinen (N)

Von ⟨27⟩ Punkten hast du ◯ Punkte erreicht! Das ist die Note: [   ]

. Lernziel-Kontrolle	Name:	Datum:

1. Unterstreiche die Nahrungsmittel mit der richtigen Farbe!　　　　　　5
　　　　　Eiweiß und Fett: rot　　　*Kohlehydrate: blau*　　**Vitamine: grün**
Butter - *Kartoffel* - **Salat** - Fett - *Nudeln* - **Tomate** - Öl - *Nüsse* - **Apfel** - Ei - *Brot* -
Zitrone - Milch - *Zucker* - **Mohrrüben** - Fisch - Fleisch - **Säfte** - Quark - Käse

2. Verbinde mit Pfeilen, was zusammengehört!　　　　　　　　　　　3
　　　　Eiweiß und Fett　　　　schützen
　　　　　　Vitamine　　　　　dienen als Aufbaustoffe
　　　　Kohlehydrate　　　　　geben Kraft

3. Was passt gut als Pausebrot? Streiche die drei falschen Sachen weg!　　3

4. Wenn du die Früchte richtig ordnest, ergeben sie die beiden Lösungswörter:　8
　　Vitamine - Vitamine　　　　　　　　　　　　　　　　　　　　　8

　　　　Äpfel (V) -Birnen (I) - Ananas (T) -Walnüsse (A)
　　Haselnüsse (M) - Mandeln (I) - Pflaumen (N) - Pfirsiche (E)

**Johannisbeeren (V) - Weintrauben (I) - Stachelbeeren (T) - Kirschen
(A) - Zitronen (M) - Himbeeren (I) - Mandarinen (N) - Erdbeeren (E)**

Von ㉗ Punkten hast du ◯ Punkte erreicht! Das ist die Note: ☐

. Lernziel-Kontrolle   Name: Datum:

1. Kannst du aus dem Wortsalat drei Merkregeln machen?   Merkregel 1:   6
   Winter - Obst - nicht - viel - mehr - tut - der - Obst - viel - weh - Vitamin C - da

   Merkregel 2: nie - Hände - naschen - abends - waschen

   Merkregel 3: der - Luft - ist - frische - ein - die - dumm' - mag - Gesundheitsschuft
   nicht - wer

2. Wodurch entstehen Krankheiten? Ein Begriff stimmt nicht. Kreuze ihn an!   1
   O Stress   O falsche Lebensführung   O falsche Ernährung   O Zugluft
   O überheizte Räume   O Abhärtung   O Bazillen, Bakterien, Viren
   O warme Kleidung in Innenräumen   O leichte Kleidung im Winter

3. Nenne fünf Gegenmittel gegen Erkältungen!   5

4. Kennst du diese Symbole?   5

5. Die Anfangsbuchstaben der richtigen Aussagen ergeben das Lösungswort: 7

   G Kranke Menschen erkennt man daran, dass sie müde und kraftlos sind.
   A Wenn Maxi 37 Grad Fieber hat, muss er unbedingt ins Bett.
   E Wenn wir einen Kranken besuchen, bringen wir Blumen mit.
   M Bei einem Krankenbesuch bleiben wir möglichst lange und reden viel.
   N Gegen Kinderlähmung schützen wir uns am besten durch eine Impfung.
   R Gegen eine Grippe gibt es keinen Schutz.
   E Zu einem gesunden Frühstück gehören Milch, Brot und Honig.
   O Schokolade, Eis und Torte schützen besonders unsere Zähne.
   S Bewegung in frischer Luft hält unseren Körper gesund.
   H Husten bekämpft man am besten durch leichte Bekleidung.
   E Masern sind eine Kinderkrankheit, die jedes Kind bekommen kann.
   P Bei 39 Grad Fieber sollte kein Arzt aufgesucht werden.
   N Bei 39 Grad Fieber sollte unbedingt ein Arzt gerufen werden.

Von ⊘ Punkten hast du ◯ Punkte erreicht! Das ist die Note: ☐

. Lernziel-Kontrolle	Name:	Datum:

1. Kannst du aus dem Wortsalat drei Merkregeln machen?   6

Merkregel 1:

Viel Obst, viel Vitamin C, da tut der Winter nicht mehr weh!

Merkregel 2:

Hände waschen, abends nie naschen!

Merkregel 3:

Wer nicht mag die frische Luft,
der ist ein dumm' Gesundheitsschuft!

2. Wodurch entstehen Krankheiten? Ein Begriff stimmt nicht. Kreuze ihn an!   1

O Stress   O falsche Lebensführung   O falsche Ernährung   O Zugluft

O überheizte Räume   ● Abhärtung   O Bazillen, Bakterien, Viren

O warme Kleidung in Innenräumen   O leichte Kleidung im Winter

3. Nenne fünf Gegenmittel gegen Erkältungen!   5

Sauberkeit, frische Luft und Bewegung, gesunde Ernährung, genügend Schlaf, Sport u.ä.

4. Kennst du diese Symbole?   5

1. Gift 2. ätzend 3. Hochspannung 4. Feuer 5. gesundheitsschädlich

5. Die Anfangsbuchstaben der richtigen Aussagen ergeben das Lösungswort: 7

GENESEN

G Kranke Menschen sind meist müde und kraftlos.

A Wenn Maxi 37 Grad Fieber hat, muss er unbedingt ins Bett.

E Wenn wir einen Kranken besuchen, bringen wir Blumen mit.

M Bei einem Krankenbesuch bleiben wir möglichst lange und reden viel.

N Gegen Kinderlähmung schützen wir uns durch eine Impfung.

R Gegen eine Grippe gibt es keinen Schutz.

E Zu einem gesunden Frühstück gehören Milch, Brot und Honig.

O Schokolade, Eis und Torte schützen besonders unsere Zähne.

S Bewegung in frischer Luft hält unseren Körper gesund.

H Husten bekämpft man am besten durch leichte Bekleidung..

E Masern sind eine Kinderkrankheit, die jedes Kind bekommen kann.

P Bei 39 Grad Fieber sollte kein Arzt aufgesucht werden.

N Bei 39 Grad Fieber sollte unbedingt ein Arzt gerufen werden.

Von (24) Punkten hast du ◯ Punkte erreicht! Das ist die Note: ☐

. Lernziel-Kontrolle Name:	Datum:

1. Um welche Verletzung handelt es sich?   4

Fall 1: [＿＿＿＿＿＿]

Thomas wurde von einem Hund gebissen. Bluttropfen strömen aus der Haut.

Fall 2: [＿＿＿＿＿＿]

Angelika wurde von einem Stein an der Stirn getroffen. Es blutet heftig.

Fall 3: [＿＿＿＿＿＿]

Helga ist auf das Knie gefallen. Es blutet ganz leicht und langsam.

Fall 4: [＿＿＿＿＿＿]

Martin schnitt sich beim Werken in den Finger.

2. Gefahren lauern überall! Die Buchstaben der richtigen Aussagen ergeben das   7
Lösungswort: [＿＿＿＿＿＿]

P Fuchs, Reh, Hase, Schwein, Katze, Schaf und Dachs können Tollwut übertragen.

B Tollwut kann von keinem Wildtier auf Menschen übertragen werden.

E Das Spielen mit Feuerwerkskörpern ist Kindern ab 6 Jahre erlaubt.

A Auch Knallfrösche können die Gesundheit gefährden.

R Bei Gewitter sollst du Buchen suchen und vor Eichen weichen.

S Blitze schlagen besonders oft in alleinstehende Bäume, Häuser oder Masten ein.

S Wenn wir in fremden Gewässern baden, passen wir besonders auf.

M Vor dem Hineinspringen ins Wasser kühlen wir uns nicht ab.

A Bei Tauwetter sollten wir nicht mehr auf das Eis gehen.

R 2 cm dickes Eis trägt leicht kleine Kinder.

U Rufe nie um Hilfe, wenn du nicht wirklich in Gefahr bist.

O Zeige immer mehr Mut als alle anderen.

V Himbeere, Stachelbeere und Birnen sind giftige Pflanzen.

F Tollkirsche, Goldregen und Herbstzeitlose sind sehr giftige Pflanzen.

3. Helfen - aber wie? Die Buchstaben der richtigen Aussagen ergeben auch hier das
Lösungswort: [＿＿＿＿＿＿]   9

B Bei Nasenbluten halte ich den Kopf ruhig, setze mich und
neige den Kopf ganz leicht nach hinten.

A Bei Nasenbluten halte ich mit dem Taschentuch
das blutende Nasenloch zu.

E Bei einer leichten Prellung lege ich ein feuchtes
Tuch auf die schmerzende Stelle.

H Bei einer schlimmen Quetschung müssen wir den Arzt rufen.

M Kleine Wunden waschen wir mit Wasser aus.

A Bei kleinen Wunden lassen wir uns ein Pflaster geben.

N Bei einem Knochenbruch halten wir ruhig, bewegen uns
nicht und rufen sofort einen Arzt.

U Knochenbrüche dürfen auch Erwachsene behandeln.

D Bei großen Fleischwunden muss unbedingt ein Arzt aufgesucht werden.

E Bei allen Unfällen heißt der erste Grundsatz: Ruhe bewahren!

L Bevor wir bei einem Unfall helfen, überlegen wir, was zu tun ist.

N Sollten Erwachsene da sein, melden wir ihnen den Unfall.

Von ⓪ Punkten hast du ◯ Punkte erreicht! Das ist die Note: [＿]

. Lernziel-Kontrolle   Name: Datum:

1. Um welche Verletzung handelt es sich?   4

Fall 1: **Bisswunde**

Thomas wurde von einem Hund gebissen. Bluttropfen strömen aus der Haut.

Fall 2: **Platzwunde**

Angelika wurde von einem Stein an der Stirn getroffen. Es blutet heftig.

Fall 3: **Schürfwunde**

Helga ist auf das Knie gefallen. Es blutet ganz leicht und langsam.

Fall 4: **Schnittwunde**

Martin schnitt sich beim Werken in den Finger.

2. Gefahren lauern überall! Die Buchstaben der richtigen Aussagen ergeben das   7

**P Fuchs, Reh, Hase, Schwein, Katze, Schaf und Dachs
  können Tollwut übertragen.**

B Tollwut kann von keinem Wildtier auf Menschen übertragen werden.

E Das Spielen mit Feuerwerkskörpern ist Kindern ab 6 Jahre erlaubt.

A Auch Knallfrösche können die Gesundheit gefährden.

R Bei Gewitter sollst du Buchen suchen und vor Eichen weichen.

**S Blitze schlagen besonders oft in alleinstehende
  Bäume, Häuser oder Masten ein.**

S Wenn wir in fremden Gewässern baden, passen wir besonders auf.

M Vor dem Hineinspringen ins Wasser kühlen wir uns nicht ab.

A Bei Tauwetter sollten wir nicht mehr auf das Eis gehen.

R 2 cm dickes Eis trägt leicht kleine Kinder.

U Rufe nie um Hilfe, wenn du nicht wirklich in Gefahr bist.

O Zeige immer mehr Mut als alle anderen.

V Himbeere, Stachelbeere und Holunder sind giftige Pflanzen.

F Tollkirsche, Goldregen und Herbstzeitlose sind sehr giftige Pflanzen.

Lösung: PASS AUF

3. Helfen - aber wie? Die Buchstaben der richtigen Aussagen ergeben auch hier das
  Lösungswort: **BEHANDELN**   9

**B Bei Nasenbluten halte ich den Kopf ruhig, setze mich und neige
  den Kopf ganz leicht nach hinten.**

A Bei Nasenbluten halte ich mit einem Tuch das blutende Nasenloch zu.

**E Bei einer leichten Prellung lege ich ein feuchtes Tuch auf die
  schmerzende Stelle.**

H Bei einer schlimmen Quetschung müssen wir den Arzt rufen.

M Kleine Wunden waschen wir mit Wasser aus.

A Bei kleinen Wunden lassen wir uns ein Pflaster geben.

**N Bei einem Knochenbruch halten wir ruhig, bewegen uns nicht und
  rufen sofort einen Arzt.**

U Knochenbrüche dürfen auch Erwachsene behandeln.

D Bei großen Fleischwunden muss ein Arzt aufgesucht werden.

E Bei allen Unfällen heißt der erste Grundsatz: Ruhe bewahren!

L Bevor wir bei einem Unfall helfen, überlegen wir, was zu tun ist.

N Sollten Erwachsene da sein, melden wir ihnen den Unfall.

Von ⲵ20 Punkten hast du ◯ Punkte erreicht! Das ist die Note: ☐

. Lernziel-Kontrolle   Name: Datum:

1. Wie heißen die äußeren Teile des Auges?   5

A = [_____]

B = [_____]

C = [_____]

D = [_____]

E = [_____]

2. Das Bild zeigt dir den Querschnitt eines Auges. Setze die Buchstaben richtig ein!

A = Hornhaut   7

B = Lid

C = Knochen

D = Wimpern

E = Linse

F = Netzhaut

G = Sehnerv

3. Wodurch ist das Auge besonders geschützt?   4

[_____]

4. Was können unsere Augen sehen? Kreuze den falschen Begriff an!   1

   O Bewegung   O Formen   O Farben   O hell-dunkel   O Licht

   O ultra-violettes Licht   O Schärfe-Unschärfe   O Nähe-Ferne

5. Unser Auge lässt sich manchmal optisch täuschen. Beschreibe kurz das Problem!

                                                                                           3

[_____]

6. Unser Auge ist sehr empfindlich. Die Buchstaben der richtigen Aussagen ergeben

   das Lösungswort: [_____]   6

   A Schaue immer ins grelle Sonnenlicht!
   S Reibe niemals in den Augen!
   E Viel Fernsehen schadet nicht den Augen!
   C Schau nicht länger als eine Stunde fern am Tag!
   K Lies und schreibe stets bei schlechter Beleuchtung!
   H Wähle einen hellen Platz zum Lesen und Arbeiten!
   U Schalte bei Dämmerung das Licht ein!
   R Wasche die Augen mit Seife!
   T Bei Sehschwierigkeiten gehen wir zum Augenarzt!
   O Für Schweißarbeiten braucht man keine Brille!
   Z Bei starker Sonne benutzen wir eine Sonnenbrille!

Von (26) Punkten hast du ( ) Punkte erreicht! Das ist die Note: [   ]

. Lernziel-Kontrolle   Name: Datum:

1. Wie heißen die äußeren Teile des Auges? 5

A = **Regenbogenhaut**
B = **Lid**
C = **Augenbraue**
D = **Wimpern**
E = **Pupille**

2. Das Bild zeigt dir den Querschnitt eines Auges. Setze die Buchstaben richtig ein! 7

A = Hornhaut
B = Lid
C = Knochen
D = Wimpern
E = Linse
F = Netzhaut
G = Sehnerv

3. Wodurch ist das Auge besonders geschützt?
   Augenhähle, Lid, Lidreflex, Wimpern 4

4. Was können unsere Augen sehen? Kreuze den falschen Begriff an! 1

   O Bewegung   O Formen   O Farben   O hell-dunkel   O Licht
   ● ultra-violettes Licht   O Schärfe-Unschärfe   O Nähe-Ferne

5. Unser Auge lässt sich manchmal optisch täuschen. Beschreibe kurz das Problem! 3

Alle 3 Figuren sind gleich groß - Seiten nicht geknickt - Innenkreise sind gleich groß

6. Unser Auge ist sehr empfindlich. Die Buchstaben der richtigen Aussagen ergeben das Lösungswort: SCHUTZ 6

   A Schaue immer ins grelle Sonnenlicht!
   S Reibe niemals in den Augen!
   E Viel Fernsehen schadet nicht den Augen!
   C Schau nicht länger als eine Stunde fern am Tag!
   K Lies und schreibe stets bei schlechter Beleuchtung!
   H Wähle einen hellen Platz zum Lesen und Arbeiten!
   U Schalte bei Dämmerung das Licht ein!
   R Wasche die Augen mit Seife!
   T Bei Sehschwierigkeiten gehen wir zum Augenarzt!
   O Für Schweißarbeiten braucht man keine Brille!
   Z Bei starker Sonne benutzen wir eine Sonnenbrille!

Von ㉖ Punkten hast du ◯ Punkte erreicht! Das ist die Note: ☐

. Lernziel-Kontrolle   Name: Datum:

1. Kennst du die Teile der Apfelblüte? Trage die richtigen Zahlen ein!   7

Die Apfelblüte besitzt fünf **Blütenblätter** [ ] , die in einem **Blütenkelch**

aus fünf grünen Kelchblättern [ ] sitzen. Um den **Stempel** [ ] stehen viele

Staubgefäße [ ] , deren Staubbeutel mit Blütenstaub (= Pollen) gefüllt sind.

Der **Stempel** [ ] besteht aus dem **Fruchtknoten** [ ] , dem **Griffel** [ ]

und der fünfteiligen klebrigen **Narbe** [ ] .

2. Eine der Aussagen ist falsch. Kreuze sie an!   1
O Die Blüten locken durch Honig, Duft und Farben die Bienen an.
O Die Bienen saugen den Blütensaft, auch Nektar genannt, aus dem Blütenboden.
O Dabei sammeln sie Blütenstaub, auch Pollen genannt.
O Auf ihrer Futtersuche tragen die Bienen die Pollen von einer Blüte zur anderen.
O Wenn Pollen auf der Narbe des Stempels hängenbleiben, ist die Blüte bestäubt.

3. Ordne die Sätze den Bildern mit der richtigen Zahl zu!   5

O Griffel und Kelchblätter verdorren.

O Die Blüte ist bestäubt und befruchtet.

O Die Apfelkerne sind die Samen für
   einen neuen Apfelbaum.

O Die Blütenblätter und Staubgefäße fallen ab.

O Der Fruchtknoten beginnt zu wachsen
   und verändert seine Farbe (gelblich rosa).

Von (13) Punkten hast du ( ) Punkte erreicht! Das ist die Note: [ ]

. Lernziel-Kontrolle   Name: Datum:

1. Kennst du die Teile der Apfelblüte? Trage die richtigen Zahlen ein!   7

Die Apfelblüte besitzt fünf **Blütenblätter** 2 , die in einem **Blütenkelch aus fünf grünen Kelchblättern** 3 sitzen. Um den **Stempel** 7 stehen viele **Staubgefäße** 1 ,deren Staubbeutel mit Blütenstaub (= Pollen) gefüllt sind. Der **Stempel** 7 besteht aus dem **Fruchtknoten** 6 , dem **Griffel** 5 und der fünfteiligen klebrigen **Narbe** 4 .

2. Eine der Aussagen ist falsch. Kreuze sie an!   1
● Die Blüten locken durch Honig, Duft und Farben die Bienen an.
O Die Bienen saugen den Blütensaft, auch Nektar genannt, aus dem Blütenboden.
O Dabei sammeln sie Blütenstaub, auch Pollen genannt.
O Auf ihrer Futtersuche tragen die Bienen die Pollen von einer Blüte zur anderen.
O Wenn Pollen auf der Narbe des Stempels hängenbleiben, ist die Blüte bestäubt.

3. Ordne die Sätze den Bildern mit der richtigen Zahl zu!   5

1. Die Blüte ist bestäubt und befruchtet.

2. Die Blütenblätter und Staubgefäße fallen ab.

3. Griffel und Kelchblätter verdorren.

4. Der Fruchtknoten beginnt zu wachsen und verändert seine Farbe (gelblich rosa).

5. Die Apfelkerne sind der Samen für einen neuen Apfelbaum.

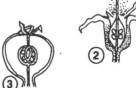
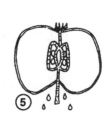

Von ⑬ Punkten hast du ◯ Punkte erreicht! Das ist die Note: ☐

. Lernziel-Kontrolle   Name: Datum:

1. Ordne die Teile der Kirschblüte richtig zu!

```
_____
_____
_____
```

1 2 8
4   3
5   6
8 7 5

2. Ordne mit Pfeilen die Kärtchen zu! Drei passen immer zusammen!

Blütenblätter —— helle Farbe	tragen die Pollen
Kelchblätter —— fest	locken die Bienen an
Staubblätter —— gelbes Pulver	schützen die Blüte
Narbe —— klebrig	lockt die Bienen an
Nektar —— schmeckt / riecht süß	hält die Pollen fest

3

3. Kennst du dieses Rätsel?

Erst weiß wie Schnee: `_____`

dann grün wie Klee: `_____`

dann rot wie Blut: `_____`

schmeckt allen Kindern gut!

4

4. Trage die fehlenden Begriffe in den Lückentext ein!

Eine Biene bringt Pollen einer anderen Blüte. Etwas Blütenstaub bleibt
auf der klebrigen Narbe des Stempels hängen.

Die Blüte ist `_____` . Der Vorgang heißt: `_____`

Ein Pollenkorn wächst den Stempel hinab bis zum Fruchtknoten. Dort vereinigt es
sich mit der Eizelle im Fruchtknoten.

Die Blüte ist `_____` . Der Vorgang heißt: `_____`

5

5. So werden Blüten befruchtet. Finde die richtigen Begriffe!

1. **Es** wird von der Biene auf die klebrige Narbe
   gebracht. Nur **eines davon** kann die Eizelle
   befruchten.   `_____`

2. **Er** treibt von der Narbe zur Eizelle. Ein
   Teil des Polleninhalts wandert mit **ihm** mit.   `_____`

3. **Darin** befinden sich später die Apfelkerne
   (= Kernhaus).   `_____`

4. **Er** wird später einmal das Fruchtfleisch
   des Apfels.   `_____`

5. An **ihr** bleiben die Pollenkörner hängen.
   Sie ist klebrig.   `_____`

1
5   2
4   3

Von ㉕ Punkten hast du ◯ Punkte erreicht! Das ist die Note: ☐

. Lernziel-Kontrolle   Name: Datum:

1. Ordne die Teile der Kirschblüte richtig zu!   8
1 = Blütenblätter   2 = Griffel   3 = Narbe   4 = Staubblatt 5 = Kelchblatt   6 = Nektar   7 = Fruchtknoten   8 = Blütenboden

2. Ordne mit Pfeilen die Kärtchen zu! Drei passen immer zusammen!   5

Blütenblätter ——— helle Farbe ——— locken die Bienen an
Kelchblätter ——————— fest ——————— schützen die Blüte
Staubblätter ——— gelbes Pulver ——— tragen die Pollen
Narbe ——————— klebrig ——————— hält die Pollen fest
Nektar ——— schmeckt / riecht süß ——— lockt die Bienen an

3

3. Kennst du dieses Rätsel?
Erst weiß wie Schnee: **Blüte**
dann grün wie Klee: **Fruchtknoten**
dann rot wie Blut: **Kirsche**
schmeckt allen Kindern gut!

4

4. Trage die fehlenden Begriffe in den Lückentext ein!
Eine Biene bringt Pollen einer anderen Blüte. Etwas Blütenstaub bleibt
auf der klebrigen Narbe des Stempels hängen.
Die Blüte ist   **bestäubt**   . Der Vorgang heißt: **Bestäubung**
Ein Pollenkorn wächst den Stempel hinab bis zum Fruchtknoten. Dort vereinigt es
sich mit der Eizelle im Fruchtknoten.
Die Blüte ist   **befruchtet**   . Der Vorgang heißt: **Befruchtung**   5
5. So werden Blüten befruchtet. Finde die richtigen Begriffe!

1. **Es** wird von der Biene auf die klebrige Narbe
   gebracht. Nur **eines davon** kann die Eizelle
   befruchten.
   Lösung: Pollenkorn
2. **Er** treibt von der Narbe zur Eizelle. Ein
   Teil des Polleninhalts wandert mit **ihm** mit.
   Lösung: Keimschlauch
3. **Darin** befinden sich später die Apfelkerne
   (= Kernhaus).
   Lösung: Samenanlage
4. **Er** wird später einmal das Fruchtfleisch
   des Apfels.
   Lösung: Fruchtknoten   **Lösung: Narbe**
5. An **ihr** bleiben die Pollenkörner hängen. **Sie** ist klebrig.

Von (25) Punkten hast du ◯ Punkte erreicht! Das ist die Note: ☐

. Lernziel-Kontrolle   Name: Datum:

1. Vom Aussäen und Ernten. So ist die Reihenfolge richtig: 8
    1. aussäen 2. walzen und eggen 3. keimen 4. Winterruhe 5. austreiben
    6. wachsen 7. ausreifen 8. ernten
Ordne die Ziffern den Bildern richtig zu!

2. Welche Voraussetzungen braucht Getreide zum Wachsen?   4

3. Wann wurde in früheren Zeiten Brot knapp?   2

4. Nenne zwei große Hilfsaktionen für hungernde Menschen in der Dritten Welt!   2

5. Wir müssen mit Nahrungsmittel verantwortlich umgehen. Nenne zwei Bespiele!   2

6. Die katholische Kirche feiert im Herbst ein Fest, bei dem die Menschen für die   1
   Gaben Gottes danken. Wie heißt dieses Fest? Kreuze an!
   O Allerheiligen   O Erntedank   O Kommunion   O Advent   O Fastenzeit

7. In welcher Zeit der Menschheitsgeschichte wurde vermutlich erstmals Getreide
   angebaut? Kreuze an!   1
O als die Menschen noch Jäger und Sammler waren
O als die Menschen sesshaft wurden
O als die Menschen den Pflug erfanden
O als die Menschen Werkzeuge erfanden

Von ⟨20⟩ Punkten hast du ◯ Punkte erreicht! Das ist die Note: ☐

44

. Lernziel-Kontrolle   Name: Datum:

1. Vom Aussäen und Ernten. So ist die Reihenfolge richtig:
    1. aussäen 2. walzen und eggen 3. keimen 4. Winterruhe 5. austreiben   8
    6. wachsen 7. ausreifen 8. ernten
    Ordne die Ziffern den Bildern richtig zu!

1 **2** **3**

4 **5** **6**

7 **8**

2. Welche Voraussetzungen braucht Getreide zum Wachsen?   4
Wärme, Wasser, Licht und Boden

3. Wann wurde in früheren Zeiten Brot knapp?   2
nach Kriegen, nach Dürrezeiten (nach Katastrophen wie Überschwemmungen, Unwetter usw.)

4. Nenne zwei große Hilfsaktionen für hungernde Menschen in der Dritten Welt!   2
Misereor, Brot für die Welt

5. Wir müssen mit Nahrungsmittel verantwortlich umgehen. Nenne zwei Bespiele!   2
Wir dürfen niemals Pausebrot wegwerfen!
Wir sollten nicht überflüssige und zu viele Lebensmittel kaufen!

6. Die katholische Kirche feiert im Herbst ein Fest, bei dem die Menschen für die   1
Gaben Gottes danken. Wie heißt dieses Fest? Kreuze an!
O Allerheiligen   ● Erntedank   O Kommunion   O Advent   O Fastenzeit

7. In welcher Zeit der Menschheitsgeschichte wurde vermutlich erstmals Getreide
angebaut? Kreuze an!   1
O als die Menschen noch Jäger und Sammler waren
● als die Menschen sesshaft wurden
O als die Menschen den Pflug erfanden
O als die Menschen Werkzeuge erfanden

Von ⟨20⟩ Punkten hast du ◯ Punkte erreicht! Das ist die Note: ☐

. Lernziel-Kontrolle   Name: Datum:

1. Wie heißen die fünf Getreidearten?   5

2. Welche Getreidearten haben Grannen?   3
   O Weizen   O Roggen   O Hafer   O Mais   O Gerste

3. Welche Getreideart wächst als Rispe?   1
   O Weizen   O Roggen   O Hafer   O Mais   O Gerste

4. Welche Getreideart wächst als Kolben?   1
   O Weizen   O Roggen   O Hafer   O Mais   O Gerste

5. Wozu braucht man welches Getreide? Kreuze die richtigen Ausagen an!   5

O Weizen dient vor allem als Viehfutter, weil es nicht besonders hochwertig ist.

O Weizenmehl braucht man für Brot, Semmeln, Brezen, Kuchen und Gebäck.

O Gerstengrieß wird für Malzkaffee und Bier verwendet.

O Aus Roggenmehl wird Weißbrot, aus Weizenmehl Schwarzbrot gemacht.

O Hafer ist ein hochwertiges Futtermittel für Pferde.

O Gerste, Roggen und Mais ist hochwertiges Viehfutter.

O Weizen wird oft auch an Hühner verfüttert.

6. Welcher Text passt zu den Bildern?   6

1   **2**   **Der Bäcker verarbeitet das Mehl in der Backstube. Er bäckt Brot.** ◯

Der Landwirt sät Getreidekörner aus. ◯

3   **4**   **Der Müller verarbeitet in der Mühle Getreide zu Mehl.** ◯

Der Landwirt walzt das aufkeimende Getreide und düngt es. ◯

5   **6**   **Wir kaufen und essen Brot. Brot ist ein wertvolles Nahrungsmittel.** ◯

Der Landwirt mäht die Getreidehalme und drischt das Korn. ◯

Von ㉑ Punkten hast du ◯ Punkte erreicht! Das ist die Note: ☐

. Lernziel-Kontrolle   Name: Datum:

1. Wie heißen die fünf Getreidearten?   5

Weizen - Roggen - Gerste - Hafer - Mais

2. Welche Getreidearten haben Grannen?
  ● Weizen   ● Roggen   ○ Hafer   ○ Mais   ● Gerste   3

3. Welche Getreideart wächst als Rispe?
  ○ Weizen   ○ Roggen   ● Hafer   ○ Mais   ○ Gerste   1

4. Welche Getreideart wächst als Kolben?
  ○ Weizen   ○ Roggen   ○ Hafer   ● Mais   ○ Gerste   1

5. Wozu braucht man welches Getreide? Kreuze die richtigen Ausagen an!

○ Weizen dient vor allem als Viehfutter, weil es nicht besonders hochwertig ist.   5

● Weizenmehl braucht man für Brot, Semmeln, Brezen, Kuchen und Gebäck.

● Gerstengrieß wird für Malzkaffee und Bier verwendet.

○ Aus Roggenmehl wird Weißbrot, aus Weizenmehl Schwarzbrot gemacht.

● Hafer ist ein hochwertiges Futtermittel für Pferde.

● Gerste, Roggen und Mais ist hochwertiges Viehfutter.

● Weizen wird oft auch an Hühner verfüttert.

6. Welcher Text passt zu den Bildern?   6

1. Der Landwirt sät Getreidekörner aus.

2. Der Landwirt walzt das aufkeimende Getreide und düngt es.

3. Der Landwirt mäht die Getreidehalme und drischt das Korn.

4. Der Müller verarbeitet in der Mühle Getreide zu Mehl.

5. Der Bäcker verarbeitet das Mehl in der Backstube. Er bäckt Brot.

6. Wir kaufen und essen Brot. Brot ist ein wertvolles Nahrungsmittel.

Von ㉑ Punkten hast du ◯ Punkte erreicht! Das ist die Note: ☐

. Lernziel-Kontrolle   Name: Datum:

1. Kannst du die Begriffe, die in die Kärtchen passen, finden?   9

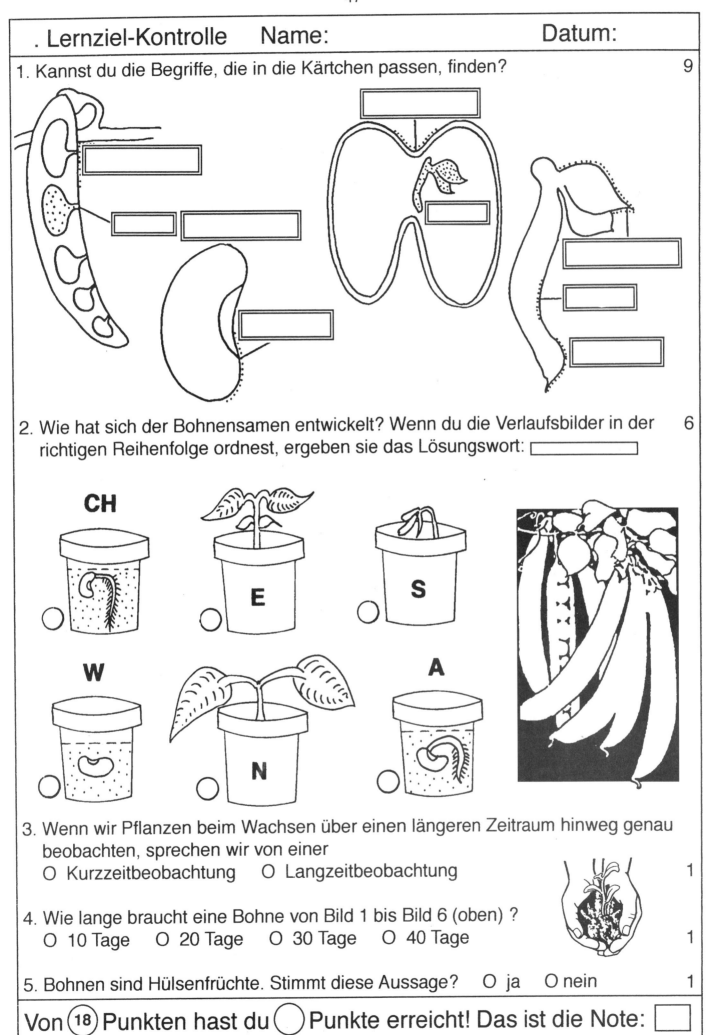

2. Wie hat sich der Bohnensamen entwickelt? Wenn du die Verlaufsbilder in der   6
   richtigen Reihenfolge ordnest, ergeben sie das Lösungswort: ☐

CH   **E**   **S**

W   **N**   **A**

3. Wenn wir Pflanzen beim Wachsen über einen längeren Zeitraum hinweg genau
   beobachten, sprechen wir von einer
   ○ Kurzzeitbeobachtung   ○ Langzeitbeobachtung   1

4. Wie lange braucht eine Bohne von Bild 1 bis Bild 6 (oben) ?
   ○ 10 Tage   ○ 20 Tage   ○ 30 Tage   ○ 40 Tage   1

5. Bohnen sind Hülsenfrüchte. Stimmt diese Aussage?   ○ ja   ○ nein   1

Von ⑱ Punkten hast du ◯ Punkte erreicht! Das ist die Note: ☐

. Lernziel-Kontrolle   Name: Datum:

1. Kannst du die Begriffe, die in die Kärtchen passen, finden?   9

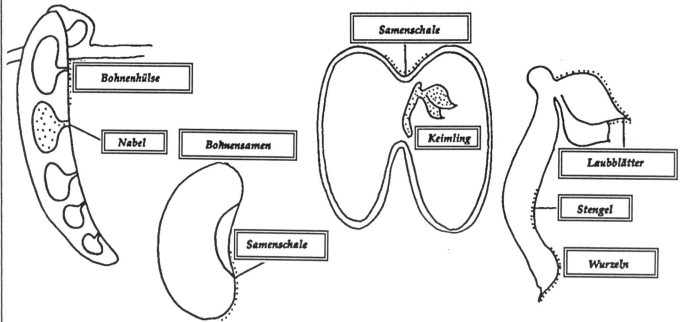

2. Wie hat sich der Bohnensamen entwickelt? Wenn du die Verlaufsbilder in der   6
   richtigen Reihenfolge ordnest, ergeben sie das Lösungswort: **WACHSEN**

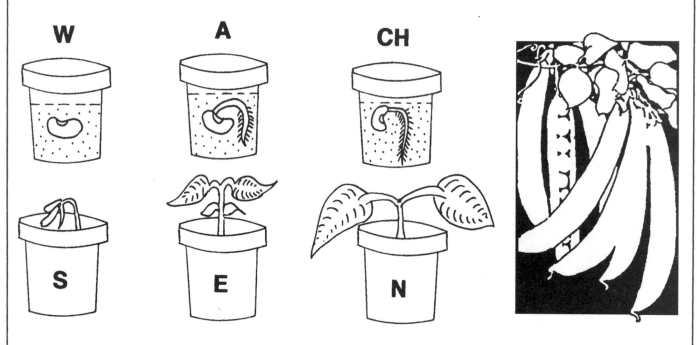

3. Wenn wir Pflanzen beim Wachsen über einen längeren Zeitraum hinweg genau
   beobachten, sprechen wir von einer
   ○ Kurzzeitbeobachtung   ● Langzeitbeobachtung   1

4. Wie lange braucht eine Bohne von Bild 1 bis Bild 6 (oben) ?
   ○ 10 Tage   ● 20 Tage   ○ 30 Tage   ○ 40 Tage   1

5. Bohnen sind Hülsenfrüchte. Stimmt diese Aussage?   ● ja   ○ nein   1

Von ⑱ Punkte hast du ◯ Punkte erreicht! Das ist die Note: ☐

. Lernziel-Kontrolle   Name: Datum:

1. Folgende Singvögel sind Gäste in unserem Garten. Nenne ihren Namen!   7

1   3   5   6   2   4   7

2. Welcher Text passt zum Bild? Nummeriere richtig!   8

Die Alten müssen jetzt viel Futter herbeischaffen.

Der Starenkobel wird gesäubert und neu hergerichtet.

Im Herbst sammeln sich die Stare und ziehen in den Süden.

Stare vertilgen eine Unzahl von Schädlingen.

Ende Februar, Anfang März kommen die Stare zurück.

Das Weibchen legt vier bis sechs Eier. Beide Stare bebrüten das Gelege.

Ende Mai sind die Jungen flügge. Sie lernen jetzt das Fliegen.

Nach etwa zwei Wochen schlüpfen die Jungen aus.

① ② ③ ④ ⑤ ⑥ ⑦ ⑧

1
2
3
4
5
6
7
8

3. Die Buchstaben der richtigen Aussagen ergeben das Lösungswort: 6

S Eine Meisenfamilie vertilgt im Sommer etwa 75 kg Schädlinge.

O Schädlinge fressen sich gegenseitig auf.

I Je weniger Vögel im Garten, umso mehr Insekten.

M Je mehr Insekten im Garten, umso weniger Schaden entsteht.

N Vogelschutz ist zugleich Pflanzenschutz.

A Im Wald werden alte Bäume mit Höhlen belassen, damit Höhlenbrüter Platz finden.

G Viele Jungvögel fallen streunenden Katzen zum Opfer.

E Weil es kaum noch Hecken gibt, verlieren Vögel damit Nistgelegenheiten.

P Große Agrarflächen ohne Hecken bieten Bodenbrütern viele Nistplätze und Schutz.

N Wir bauen Vogelkästen zum Nisten.

Von (21) Punkten hast du ◯ Punkte erreicht! Das ist die Note: ☐

. Lernziel-Kontrolle   Name: Datum:

1. Folgende Singvögel sind Gäste in unserem Garten. Nenne ihren Namen!

1 = Dompfaff   2 = Star   3 = Kohlmeise   4 = Blaumeise   5 = Grünfink

6 = Amsel   7 = Sperling

1

3

6

2

4

5

7

2. Welcher Text passt zum Bild? Nummeriere richtig!

1 Ende Februar, Anfang März kommen die Stare zurück.

2 Der Starenkobel wird gesäubert und neu hergerichtet.

3 Das Weibchen legt vier bis sechs Eier. Beide Stare bebrüten das Gelege.

4 Nach etwa zwei Wochen schlüpfen die Jungen aus.

5 Die Alten müssen jetzt viel Futter herbeischaffen.

6 Stare vertilgen eine Unzahl von Schädlingen.

7 Ende Mai sind die Jungen flügge. Sie lernen jetzt das Fliegen.

8 Im Herbst sammeln sich die Stare und ziehen in den Süden.

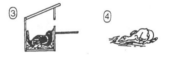

3. Die Buchstaben der richtigen Aussagen ergeben das Lösungswort: Singen

S Eine Meisenfamilie vertilgt im Sommer etwa 75 kg Schädlinge.

O Schädlinge fressen sich gegenseitig auf.

I Je weniger Vögel im Garten, umso mehr Insekten.

M Je mehr Insekten im Garten, umso weniger Schaden entsteht.

N Vogelschutz ist zugleich Pflanzenschutz.

A Im Wald werden alte Bäume mit Höhlen belassen, damit Höhlenbrüter Platz finden.

G Viele Jungvögel fallen streunenden Katzen zum Opfer.

E Weil es kaum noch Hecken gibt, verlieren Vögel damit Nistgelegenheiten.

P Große Agrarflächen ohne Hecken bieten Bodenbrütern viele Nistplätze und Schutz.

N Wir bauen Vogelkästen zum Nisten.

Von (21) Punkten hast du ◯ Punkte erreicht! Das ist die Note: ☐

. Lernziel-Kontrolle   Name: Datum:

1. Ordne die Bilder in der richtigen Reihenfolge!   5

2. In welcher Jahreszeit baut die Amsel ihr Nest? Kreuze an!   1
  O im Frühling   O im Sommer   O im Herbst   O im Winter

3. Welche Materialien braucht die Amsel zum Nestbau? Kreuze an!   2
  O Federn   O Papier   O Moos   O Glas   O Gras   O Plastik   O Haare

4. Welche Aussage stimmt?   1
O Das Amselweibchen legt die Eier und das Männchen brütet sie aus.
O Das Amselweibchen legt die Eier und das Weibchen brütet sie aus.
O Das Amselmännchen legt die Eier und das Weibchen brütet sie aus.

5. Nach wie viel Wochen schlüpfen die Jungen aus?   1
  O zwei Wochen   O drei Wochen   O vier Wochen

6. Was gehört zur Brutpflege? Nenne drei Beispiele!   3

‾‾‾

7. Die Amsel hat einen anderen Namen. Kreuze den richtigen an!   1
  O Pirol   O Schwarzspecht   O Schwarzdrossel   O Schwarzsänger

8. Welches Merkmal passt nicht zur Amsel. Streiche es durch!   1
  lang gestreckter Körper - kurze stumpfe Flügel - langer Schwanz, an der Spitze
  abgerundet - Männchen mit orange-gelbem Schnabel - Männchen gleichmäßig
  schwarzes Federkleid - Weibchen mit hellgrauen Flecken auf der Unterseite -
  Weibchen mit rötlich-gelbem Schnabel

9. Die Amsel war vor vielen 100 Jahren ein scheuer Waldvogel. Warum folgte sie   2
  vielerorts den Menschen sogar bis in die Städte?

‾‾‾

‾‾‾

10. Kreuze die natürlichen Feinde der Amsel an!   2
  O Katze   O Hund   O Marder   O Dachs   O Fuchs   O Greifvögel

11. Amseln sind Standvögel, nicht Zugvögel.   1
  Stimmt diese Aussage?   O ja   O nein

Von ⑳ Punkten hast du ◯ Punkte erreicht! Das ist die Note: ☐

. Lernziel-Kontrolle   Name: Datum:

1. Ordne die Bilder in der richtigen Reihenfolge!   5

2. In welcher Jahreszeit baut die Amsel ihr Nest? Kreuze an!   1
● im Frühling   O im Sommer   O im Herbst   O im Winter

3. Welche Materialien braucht die Amsel zum Nestbau? Kreuze an!   2
● Federn   O Papier   ● Moos   O Glas   ● Gras   O Plastik   O Haare

4. Welche Aussage stimmt?   1
O Das Amselweibchen legt die Eier und das Männchen brütet sie aus.
● Das Amselweibchen legt die Eier und das Weibchen brütet sie aus.
O Das Amselmännchen legt die Eier und das Weibchen brütet sie aus.

5. Nach wie viel Wochen schlüpfen die Jungen aus?   1
● zwei Wochen   O drei Wochen   O vier Wochen

6. Was gehört zur Brutpflege? Nenne drei Beispiele!   3
Fütterung, Schutz und Wärme, Nestreinigung

7. Die Amsel hat einen anderen Namen. Kreuze den richtigen an!   1
O Pirol   O Schwarzspecht   ● Schwarzdrossel   O Schwarzsänger

8. Welches Merkmal passt nicht zur Amsel. Streiche es durch!   1
lang gestreckter Körper - kurze stumpfe Flügel - langer Schwanz, an der Spitze
abgerundet - Männchen mit orange-gelbem Schnabel - Männchen gleichmäßig
schwarzes Federkleid - Weibchen mit hellgrauen Flecken auf der Unterseite -
Weibchen mit rötlich-gelbem Schnabel

9. Die Amsel war vor vielen 100 Jahren ein scheuer Waldvogel. Warum folgte sie   2
vielerorts den Menschen sogar bis in die Städte?
Sie fand Nahrung (z. B. Regenwürmer, Bodeninsekten) auf den bestellten
Feldern und Wiesen, in Gärten und Parks.

10. Kreuze die natürlichen Feinde der Amsel an!   2
● Katze   O Hund   ● Marder   O Dachs   O Fuchs   O Greifvögel

11. Amseln sind Standvögel, nicht Zugvögel.   1
Stimmt diese Aussage?   ● ja   O nein

Von (20) Punkten hast du ◯ Punkte erreicht! Das ist die Note: ☐

. Lernziel-Kontrolle   Name: Datum:

1. Benenne die Teile der Stockente!   8

A = _____
B = _____
C = _____
D = _____

2. Die Buchstaben der richtigen Sätze ergeben das Lösungswort: _____   5

D Die Stockente ist ein Singvogel und Höhlenbrüter.
E Die Stockente ist ein Wasservogel, der auch gut fliegen kann.
M Schwimmhäute stören beim Schwimmen, helfen aber beim Fliegen.
R Das dichte Federkleid schützt gegen Nässe und Kälte.
A Das eingefettete Deckgefieder ist wassersaugend.
P Der kahnförmige Körper ermöglicht schnelles Schwimmen.
E Die Luft zwischen den Flaumfedern (Daunen) wirkt wie ein Wärmespeicher.
M Die Stockente "gründelt" und wühlt mit ihrem breiten Schnabel den Schlamm am
   Meeresboden auf.
L Durch die Hornleisten des Schnabels läuft das Wasser ab.
E Mit der Lunge prüft sie die Bestandteile, ob sie fressbar sind.

3. Benenne die Teile des Fisches!   8

A = _____
B = _____
C = _____
D = _____

E = _____
F = _____
G = _____
H = _____

4. Welcher Fisch ist oben abgebildet?   1
   O Hecht   O Hai   O Karpfen   O Forelle   O Kabeljau   O Tunfisch

5. Welche Lebewesen halten sich vor allem unter Wasser auf? Unterstreiche!   5
   Storch - Stockente - Karpfen - Forelle - Kaulquappe - Frosch - Hecht - Aal -
Muschel - Schwan - Rotauge - Schleie - Krebs - Wasserläufer - Egel - Blesshuhn

6. Gewässerschutz bedeutet Bäche regulieren und Biotope trockenlegen.   1
   Stimmt diese Aussage?   O ja   O nein

Von (28) Punkten hast du ◯ Punkte erreicht! Das ist die Note: ☐

54

. Lernziel-Kontrolle   Name: Datum:

1. Benenne die Teile der Stockente!   8

A = Schnabel mit Hornleisten
B = Flaumfedern (Daunen)
C = Füße mit Schwimmhäuten
D = kahnförmiger Körper

2. Die Buchstaben der richtigen Sätze ergeben das Lösungswort: Erpel   5

D Die Stockente ist ein Singvogel und Höhlenbrüter.
E Die Stockente ist ein Wasservogel, der auch gut fliegen kann.
M Schwimmhäute stören beim Schwimmen, helfen aber beim Fliegen.
R Das dichte Federkleid schützt gegen Nässe und Kälte.
A Das eingefettete Deckgefieder ist wassersaugend.
P Der kahnförmige Körper ermöglicht schnelles Schwimmen.
E Die Luft zwischen den Flaumfedern (Daunen) wirkt wie ein Wärmespeicher.
M Die Stockente "gründelt" und wühlt mit ihrem breiten Schnabel den Schlamm am
    Meeresboden auf.
L Durch die Hornleisten des Schnabels läuft das Wasser ab.
E Mit der Lunge prüft sie die Bestandteile, ob sie fressbar sind.

3. Benenne die Teile des Fisches!   8

A = Auge
B = Brustflossen
C = Bauchflossen
D = Afterflosse
E = Seitenlinie
F = Schwanzflosse
G = Rückenflosse
H = Kiemendeckel

4. Welcher Fisch ist oben abgebildet?   1
   O Hecht   O Hai   ● Karpfen   O Forelle   O Kabeljau   O Tunfisch

5. Welche Lebewesen halten sich vor allem unter Wasser auf? Unterstreiche!   5
   Storch - Stockente - **Karpfen - Forelle - Kaulquappe** - Frosch - **Hecht - Aal -**
Muschel - Schwan - **Rotauge - Schleie - Krebs** - Wasserläufer - **Egel** - Blesshuhn

6. Gewässerschutz bedeutet Bäche regulieren und Biotope trockenlegen.   1
   Stimmt diese Aussage?   O ja   ● nein

Von (28) Punkten hast du ( ) Punkte erreicht! Das ist die Note: [ ]

. Lernziel-Kontrolle   Name: Datum:

1. Welche Aussage ist richtig? Kreuze an!   3

O Die erste Zeit verbringt der Frosch als Larve im Wasser.
O Die erste Zeit verbringt der Frosch als Kaulquappe im Wasser.
O Die erste Zeit verbringt der Frosch als Qualle im Wasser.

O Der Frosch besitzt kräftige, lange Hinterbeine zum Rudern.
O Der Frosch besitzt drei Schwimmblasen und Füße mit Schwimmflossen.
O Der Frosch besitzt zwei Schwimmblasen und Füße mit Flossen.

O Als fertiger Frosch lebt das Tier nur im Wasser.
O Als fertiger Frosch lebt das Tier nur an Land.
O Als fertiger Frosch lebt das Tier im Wasser und auf dem Land.

2. Wie atmet der Frosch? Ziehe die Pfeile richtig!   4

Kaulquappe   Lungen   Kaulquappe   Pflanzenfresser
Frosch   Kiemen   Frosch   Fleischfresser

3. Der Frosch bewegt sich hüpfend fort, die Kaulquappe schwimmend.
Stimmt diese Aussage?   O ja   O nein   1

4. So wächst der Frosch heran. Ordne die Sätze in der richtigen Reihenfolge und nummeriere sie!   7

☐ Nach kurzer Zeit schlüpfen die ersten Kaulquappen aus.

☐ Nachdem die jungen Kaulquappen zu einem Frosch herangewachsen sind, werden aus Pflanzen- Fleischfresser.

☐ Wir legen die Froscheier in ein bereitgestelltes Aquarium mit Wasserpflanzen und einer Insel.

☐ Wir holen im Frühjahr aus einem Weiher Froscheier.

☐ Sie haben einen dicken Kopf und mit dem Schwanzfortsatz schwimmen sie wie Fische und atmen unter Wasser.

☐ Dann entlassen wir sie wieder in die Tümpelfreiheit.

☐ Wir füttern die jungen Frösche mit Insekten, bis sie groß sind.

5. Froscheier heißen auch   O Leich   O Laich   O Gelege   O Lage   1

Von ⑯ Punkten hast du ◯ Punkte erreicht! Das ist die Note: ☐

. Lernziel-Kontrolle   Name: Datum:

1. Welche Aussage ist richtig? Kreuze an!   3

O Die erste Zeit verbringt der Frosch als Larve im Wasser.
● Die erste Zeit verbringt der Frosch als Kaulquappe im Wasser.
O Die erste Zeit verbringt der Frosch als Qualle im Wasser.

● Der Frosch besitzt kräftige, lange Hinterbeine zum Rudern.
O Der Frosch besitzt drei Schwimmblasen und Füße mit Schwimmflossen.
O Der Frosch besitzt zwei Schwimmblasen und Füße mit Flossen.

O Als fertiger Frosch lebt das Tier nur im Wasser.
O Als fertiger Frosch lebt das Tier nur an Land.
● Als fertiger Frosch lebt das Tier im Wasser und auf dem Land.

2. Wie atmet der Frosch? Ziehe die Pfeile richtig!   4

Kaulquappe ⟍ Lungen   Kaulquappe —— Pflanzenfresser
Frosch ⟋ Kiemen   Frosch —— Fleischfresser

3. Der Frosch bewegt sich hüpfend fort, die Kaulquappe schwimmend.
Stimmt diese Aussage?   ● ja   O nein   .   1

4. So wächst der Frosch heran. Ordne die Sätze in der richtigen Reihenfolge und nummeriere sie!   7

3. Nach kurzer Zeit schlüpfen die ersten Kaulquappen aus.

5. Nachdem die jungen Kaulquappen zu einem Frosch herangewachsen sind, werden aus Pflanzen- Fleischfresser.

2. Wir legen die Froscheier in ein bereitgestelltes Aquarium mit Wasserpflanzen und einer Insel.

1. Wir holen im Frühjahr aus einem Weiher Froscheier.

4. Sie haben einen dicken Kopf und mit dem Schwanzfortsatz schwimmen sie wie Fische und atmen unter Wasser.

7. Dann entlassen wir sie wieder in die Tümpelfreiheit.

6. Wir füttern die jungen Frösche mit Insekten, bis sie groß sind.

5. Froscheier heißen auch   O Leich   ● Laich   O Gelege   O Lage   1

Von ⑯ Punkten hast du ◯ Punkte erreicht! Das ist die Note: ☐

. Lernziel-Kontrolle   Name: Datum:

1. Welche Pflanzen wachsen an der Randzone eines Teichs? Kreuze an!   3
   O Teichrose   O Weide   O Algen   O Gräser   O Segge   O Blumen

2. In der Schwimmblattzone wachsen folgende Pflanzen (Streiche die falsche weg!):
   O Teichrose   O Schilfrohr   O Wasserhahnenfuß   O Wasserpest   1

3. Im und am Wasser leben viele Tiere. Unterstreiche Lebewesen, die unter Wasser
   leben!
   Teichhuhn - Rotauge - Tagpfauenauge - Wasserläufer - Aal - Libelle - Krebs -   5
   Muschel - Wasserfloh - Teichrohrsänger - Eisvogel - Schwan - Storch - Hecht

4. Es gibt Tiere, die unter Wasser und zugleich im Uferbereich leben. Kreuze an!   3
   O Frosch   O Bisamratte   O Stockente   O Schleie   O Karpfen

5. Erkennst du die gesuchte Pflanze, das gesuchte Tier?   5

   Sie hat gelbe Blüten und wird 150 cm groß: _____

   Sie ist nachtaktiv und hat Schwimmhäute an den Hinterfüßen: _____

   Er kann die grüne Farbe der Umgebung anpassen: _____

   Sie hat Warzen am Rücken: _____

   Er hat einen kolbenartigen Blütenstand: _____

6. Der Mensch verschmutzt leider unsere Gewässer. Die Buchstaben der richtigen
   Aussagen ergeben das Lösungswort: _____   6

   A Die Gewässer können Giftstoffe selbst
      abbauen und sich selbst reinigen.
   S Fabrikabwässer verschmutzen unsere Flüsse.
   B Ölreste sind für das Grundwasser nicht gefährlich.
   C Nach Öltanker-Katastrophen sterben Tausende von
      Wasservögeln.
   E Die Abwässer aus den Häusern brauchen nicht
      in die Kanalisation.
   H Hausabwässer werden in Kläranlagen gereinigt.
   Z Abfälle, Müll und Unrat verunreinigen nicht das
      Grundwasser.
   U Chemikalien in Bächen führen zu einem
      Fischsterben.
   T Umweltsünder werden durch Gesetze bestraft.
   A Der schlechteste Umweltschutz ist ein
      Umweltbewusstsein von allen.
   Z Beim Umweltschutz muss jeder bei sich selbst anfangen.

Von ㉓ Punkten hast du ◯ Punkte erreicht! Das ist die Note: ☐

. Lernziel-Kontrolle   Name: Datum:

1. Welche Pflanzen wachsen an der Randzone eines Teichs? Kreuze an!   3
   O Teichrose   ● Weide   O Algen   ● Gräser   O Segge   ● Blumen

2. In der Schwimmblattzone wachsen folgende Pflanzen (Streiche die falsche weg!):
   O Teichrose   ● Schilfrohr   O Wasserhahnenfuß   O Wasserpest   1

3. Im und am Wasser leben viele Tiere. Unterstreiche Lebewesen, die unter Wasser
   leben!
   Teichhuhn - **Rotauge** - Tagpfauenauge - Wasserläufer - **Aal** - Libelle - **Krebs** -   5
   Muschel - Wasserfloh - Teichrohrsänger - Eisvogel - Schwan - Storch - **Hecht**

4. Es gibt Tiere, die unter Wasser und zugleich im Uferbereich leben. Kreuze an!   3
   ● Frosch   ● Bisamratte   ● Stockente   O Schleie   O Karpfen

5. Erkennst du die gesuchte Pflanze, das gesuchte Tier?   5

   Sie hat gelbe Blüten und wird 150 cm groß: **Sumpfschwertlilie**
   Sie ist nachtaktiv und hat Schwimmhäute an den Hinterfüßen: **Wasserspitzmaus**
   Er kann die grüne Farbe der Umgebung anpassen: **Laubfrosch**
   Sie hat Warzen am Rücken: **Kröte**
   Er hat einen kolbenartigen Blütenstand: **Rohrkolben**

6. Der Mensch verschmutzt leider unsere Gewässer. Die Buchstaben der richtigen
   Aussagen ergeben das Lösungswort!   6

   A Die Gewässer können Giftstoffe selbst abbauen und sich selbst reinigen.
   S Fabrikabwässer verschmutzen unsere Flüsse.
   B Ölreste sind für das Grundwasser nicht gefährlich.
   **C Nach Öltanker-Katastrophen sterben Tausende
      von Wasservögeln.**
   E Die Abwässer aus den Häusern brauchen nicht
      in die Kanalisation.
   H Hausabwässer werden in Kläranlagen gereinigt.
   Z Abfälle, Müll und Unrat verunreinigen nicht das
      Grundwasser.
   **U Chemikalien in Bächen führen zu einem
      Fischsterben.**
   T Umweltsünder werden durch Gesetze bestraft.
   A Der schlechteste Umweltschutz ist ein
      Umweltbewusstsein von allen.
   **Z Beim Umweltschutz muss jeder bei sich selbst
      anfangen.**

   LÖSUNG: SCHUTZ

Von ㉓ Punkte hast du ◯ Punkte erreicht! Das ist die Note: ☐

. Lernziel-Kontrolle   Name: Datum:

1. Streiche alle Stoffe aus, die nicht brennen: 5
   Styropor - Sand - Eisen - Stein - Plastik - Wachs - Karton - Holz - Heizöl -
   Benzin - Wasser - Öl - Erde - Haare - Kohle - Metall - Milch - Papier - Glas

2. Kreuze an, wie die Stoffe brennen!   6

   Benzin   O sehr gut   O gut   O gerade noch
   Kohle   O sehr gut   O gut   O gerade noch
   Öl   O sehr gut   O gut   O gerade noch
   Kerze   O sehr gut   O gut   O gerade noch
   Holz   O sehr gut   O gut   O gerade noch
   Papier   O sehr gut   O gut   O gerade noch

3. Welcher Stoff hat eine höhere Entzündungstemperatur?   1
   O Watte
   O Holz

4. Warum kann eine Kerze im Glas nicht brennen? Kreuze an!   1
   O Sie hat zu viel Wasser.
   O Sie hat zu viel Sauerstoff.
   O Sie hat zu wenig Sauerstoff.
   O Sie hat genügend Sauerstoff.

5. So funktioniert ein Ofen! Bezeichne die Teile des Ofens!   11

   1 = _____
   2 = _____
   3 = _____
   4 = _____
   5 = _____
   6 = _____
   7 = _____
   8 = _____
   9 = _____
   10 = _____
   11 = _____

6. Wie heißt der Satz richtig? Feueralarm - müssen - einen - durchführen - Schulen   1

   _____

7. Welche Rufnummer hat die Feuerwehr?   O 112   O 110   1
8. Kann man kleine Feuer mit Decken oder Teppichen löschen?   O ja   O nein   1
9. Ist es erlaubt, im Wald ein Lagerfeuer anzuzünden?   O ja   O nein   1

Von (28) Punkten hast du ( ) Punkte erreicht! Das ist die Note: [ ]

. Lernziel-Kontrolle   Name: Datum:

1. Streiche alle Stoffe aus, die nicht brennen: 5
   Styropor - **Sand** - **Eisen** - **Stein** - Plastik - **Wachs** - Karton - Holz - Heizöl -
   Benzin - **Wasser** - Öl - **Erde** - Haare - Kohle - **Metall** - **Milch** - Papier - **Glas**

2. Kreuze an, wie die Stoffe brennen!   6

Benzin	● sehr gut	O gut	O gerade noch
Kohle	O sehr gut	● gut	O gerade noch
Öl	● sehr gut	O gut	O gerade noch
Kerze	O sehr gut	O gut	● gerade noch
Holz	O sehr gut	● gut	O gerade noch
Papier	O sehr gut	● gut	O gerade noch

3. Welcher Stoff hat eine höhere Entzündungstemperatur?   1
   O Watte
   ● Holz

4. Warum kann eine Kerze im Glas nicht brennen? Kreuze an!   1
   O Sie hat zu viel Wasser.
   O Sie hat zu viel Sauerstoff.
   ● Sie hat zu wenig Sauerstoff.
   O Sie hat genügend Sauerstoff.

5. So funktioniert ein Ofen! Bezeichne die Teile des Ofens!   11

   1 = **Ofentüre**
   2 = **Aschentüre**
   3 = **Luftklappe**
   4 = **Feuer**
   5 = **Asche**
   6 = **Aschenkasten**
   7 = **Rost**
   8 = **Brennstoffe**
   9 = **Luftzugregler**
   10 = **Ofenrohr**
   11 = **Rauch**

6. Wie heißt der Satz richtig? Feueralarm - müssen - einen - durchführen - Schulen
   Schulen müssen einen Feueralarm durchführen.   1

7. Welche Rufnummer hat die Feuerwehr?   ● 112   O 110   1
8. Kann man kleine Feuer mit Decken oder Teppichen löschen?   ● ja   O nein   1
9. Ist es erlaubt, im Wald ein Lagerfeuer anzuzünden?   O ja   ● nein   1

Von (28) Punkten hast du ( ) Punkte erreicht! Das ist die Note: [ ]

. Lernziel-Kontrolle   Name: Datum:

1. Wir bauen eine Beleuchtung. Ordne die Begriffe richtig zu! 7

2. Die Batterie ist unsere Stromquelle, das Glühlämpchen unsere Lichtquelle. 1
Kreuze an, welches Lämpchen brennt!

3. Ein Schalter kann den Stromkreis unterbrechen oder schließen. Welches Lämp- 1
chen brennt? Kreuze an!

4. Trage in die Wortkarten diese Begriffe richtig ein: Plastiklöffel - Eisennagel - Holz-
stab - Schnur - Messingschraube - Glasröhrchen - Kupferdraht 7

Von ⑯ Punkten hast du ◯ Punkte erreicht! Das ist die Note: ☐

. **Lernziel-Kontrolle**   Name: Datum:

1. Wir bauen eine Beleuchtung. Ordne die Begriffe richtig zu!   7

Batterie

$\oplus$ $\ominus$

Pluspol   *Minuspol*

① ②

③

④

Glaskolben

Leuchtdraht

Schraubsockel

Isolierplättchen

2. Die Batterie ist unsere Stromquelle, das Glühlämpchen unsere Lichtquelle.   1
   Kreuze an, welches Lämpchen brennt!

| 1 | 2 | 3 | 4 | 5 |

3. Ein Schalter kann den Stromkreis unterbrechen oder schließen. Welches Lämp- 1
   chen brennt? Kreuze an!

4. Trage in die Wortkarten diese Begriffe richtig ein: Plastiklöffel - Eisennagel - Holz-
   stab - Schnur - Messingschraube - Glasröhrchen - Kupferdraht   7

BATTERIE

Eisennagel
Messingschraube
Kupferdraht

BATTERIE

Glasröhrchen
Holzstab
Plastiklöffel
Schnur

Von ⑯ Punkten hast du ◯ Punkte erreicht! Das ist die Note:

. Lernziel-Kontrolle   Name: Datum:

1. Die Zeichnung verrät dir, wie der elektrische Strom ins Haus kommt. Ordne die   9
   Begriffe in der richtigen Reihenfolge:
   Dachständer -Stecker - Überlandleitung - Sicherungskasten - Lampe - E-Werk -
   Transformator - Steckdose - Zähler

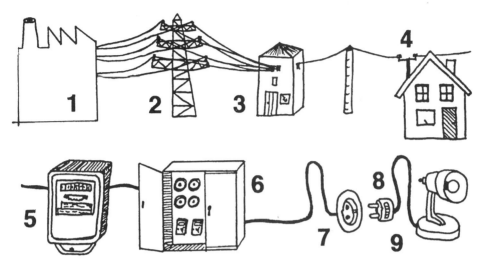

2. Der elektrische Strom sorgt für Licht, Wärme und Bewegung. Kennzeichne die   9
   Bilder mit Farben: Licht (gelb), Wärme (rot) und Bewegung (blau)!

3. Strom kann lebensgefährlich sein! Schreibe zu den 5 Bildern je einen Ratschlag! 5

Von ㉕ Punkten hast du ◯ Punkte erreicht! Das ist die Note: ☐

. Lernziel-Kontrolle   Name: Datum:

1. Die Zeichnung verrät dir, wie der elektrische Strom ins Haus kommt. Ordne die   9
   Begriffe in der richtigen Reihenfolge:
   Dachständer -Stecker - Überlandleitung - Sicherungskasten - Lampe - E-Werk -
   Transformator - Steckdose - Zähler

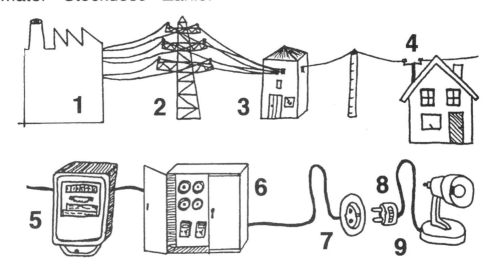

2. Der elektrische Strom sorgt für Licht, Wärme und Bewegung. Kennzeichne die   9
   Bilder mit Farben: Licht (gelb), Wärme (rot) und Bewegung (blau)!

3. Strom kann lebensgefährlich sein! Schreibe zu den 5 Bildern je einen Ratschlag! 5

1. Keine elektrischen Geräte in der Badewanne!
2. Keine beschädigten Kabel verwenden!
3. Niemals Gegenstände in Steckdosen stecken!
4. Nie Nägel in Stromleitungen schlagen!
5. Niemals auf Hochspannungsleitungen klettern!

Von (25) Punkten hast du ◯ Punkte erreicht! Das ist die Note: ☐

STUNDENBILDER für die GRUNDSCHULE

HANS RUPPRECHT

Heimat- und Sachkunde

Band I

Gemeinschaft/Heimatgeschichte/Zeit/Raum

• LEHRSKIZZEN • TAFELBILDER • FOLIENVORLAGEN
• ARBEITSBLÄTTER mit LÖSUNGEN

Heimat- und Sachkunde 1. Teil
Inhaltsverzeichnis

* Themen können entfallen oder werden im 4. Schuljahr behandelt.

STUNDENBILDER für die GRUNDSCHULE

HANS RUPPRECHT

Heimat- und Sachkunde

Band II

Kind und Natur/Kind und Gesundheit

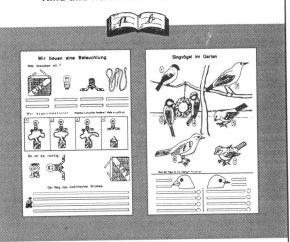

• LEHRSKIZZEN • TAFELBILDER • FOLIENVORLAGEN
• ARBEITSBLÄTTER mit LÖSUNGEN

Heimat- und Sachkunde 1. Teil
Inhaltsverzeichnis

I. **Kind und Natur**

KARL-HANS GRÜNAUER
Heimat- und Sachkunde
Gemeinschaft • Geschichte • Zeit • Raum • Wirtschaft
4. Klasse Band I

INHALTSVERZEICHNIS

KARL-HANS GRÜNAUER
Heimat- und Sachkunde
Kind und Natur
4. Klasse Band II

KIND und NATUR

NATURKUNDE